「保守」政治がなぜ長く続くのか？　プラス映画評

西川伸一

ロゴス

＊帯に記した「人生案内」は私が好きなソ連映画「人生案内」（一九三一）にちなんでいます。

まえがき

本書は自民党や安倍晋三政権の特徴などを分析した私の既発表の論文を編んだものである。対象とした時代は二〇一〇年代半ば以降となっている。この時代の政治を「「保守」政治」とまとめてタイトルにした。保守に「　」を付けたのは、「現行の政治秩序の正統性を深く信じるがゆえに、その漸進的改革を試みるというのが本来の保守主義」(宇野重規(二〇一六)『保守主義とは何か』中公新書、一九〇頁)という定義から、現代日本の「保守」政治はあまりにもかけ離れているためである。

第Ⅲ部の映画評を除いて、それらの初出時の書誌情報を発表順に掲げれば次のとおりになる。

①二〇一四年:「「安倍総理の高らかな萬歳」が意味するもの」『葦牙《あしかび》』(「葦牙」の会)第四〇号。

②二〇一五年:「なぜ自民党は選挙に「強い」のか」(上、下)『探理夢到』(村岡到)第一二号、第一三号。

③二〇一六年:「記憶と記録のあいだ――安倍政権下の「真理省」的状況を憂える」『葦牙』第四二号。

④二〇一六年:「自民党総務会の研究――そのしくみと機能への接近――」『政経研究』(日本大学法学会)第五三巻第二号。

⑤二〇一七年:「「アベノ人事」を検証する――異例の人事はこうして行われた」『葦牙』第四三号。

⑥二〇二二年‥「「選挙公報」から参院比例代表選挙を分析する――公明党と共産党の比較を中心にして」季刊『フラタニティ』（ロゴス）第二七号。

すなわち、①③および⑤はいわば安倍政権論であり、②④および⑥は自民党、公明党および共産党の組織や選挙戦略を考察したものである。本書では前者を第Ⅰ部に、後者を第Ⅱ部に収めた。

周知のとおり、二〇二二年七月八日に安倍元首相が凶弾に倒れた。いかなる理由があろうと決して許されざる蛮行であり、安倍元首相に深い哀悼の意を捧げる。しかし、この不幸と安倍氏が首相として行ったことはきちんと分けて考えなければならない。

『安倍晋三回顧録』（中央公論新社）が爆発的に売れている。その一方で、二〇二三年二月二八日に大阪地裁は、国が単価を明らかにしてこなかった「アベノマスク」をめぐって、単価の開示を命じる判決を言い渡した。これはほんの一例である。同情論を排した安倍政権論を願望やためにする批判ではなく、客観的な根拠に基づいて展開する必要があろう。第Ⅰ部が多少なりともそのための素材となれば幸いである。いまの岸田文雄政権が安倍政権の亜流的な政策を推し進めているだけに、そこには今日的な意味も含まれよう。ただ岸田氏は、声高な党内「保守」派やビジネス右派の「応援団」の支持をつなぎとめるために、そう演じざるを得ないだけなのだろうが。

安倍政権にせよ岸田政権にせよ、自民党政権である以上、その政策は自民党の意志決定を反映している。それを行う自民党内の常設の会議体を総務会という。これはいかなる会議体なのか。また、自民党は二〇一二年一二月の衆議院議員総選挙以降、国政選挙で負け知らずである。なぜこれほどまでに「強い」のか。これに対して、ほかの政党はどう挑んでいるのか。私はゼミで学生たちに半分冗談で「日本で一流政党といえば公明党と共産党だ」と説明している。両党の選挙戦略を「選挙公報」からみるとなにがわかるのか。これらを扱ったのが第Ⅱ部にあたる。

第Ⅰ部と第Ⅱ部を通じて、「保守」政治がいまだに長続きしている理由の束を解きほぐそうとした。第Ⅲ部は以上のカタイ議論とはまったく異なる。かつてあったニュース番組のタイトルを借用すれば「プラス1」である。私は週に一回は映画館で映画をみることを趣味とし、また己の義務（大げさ！）にしている。その映画評を季刊『フラタニティ』に「西川伸一のオススメシネマ」と題して第六号（二〇一七年五月）から連載中である。それを第二九号（二〇二三年三月）の第二二回まで再録した。第Ⅰ部、第Ⅱ部を読まれるなかで、息抜きに第Ⅲ部に目を移していただければとてもうれしい。

〈おことわり〉

旧稿の本書への転載にあたって、後知恵的な「改作」はすべきではないので加除訂正はいっさい行っていない。図表の指示や年数で補記が必要な場合や明らかな誤記の訂正は〔　〕内に記した。従って、表記にゆらぎがあること、および敬称の有無が不統一であることをお許しいただきたい。第Ⅰ部第1章と第3章、第Ⅱ部第1章と第3章の各章には、「本書収録時の追記」を加えた。

「保守」政治がなぜ長く続くのか？　プラス映画評　目次

第1部　安倍晋三政権とはなんであったのか

第1章 「安倍総理の高らかな萬歳の姿勢」が意味するもの

——「主権回復・国際社会復帰を記念する式典」をめぐって

はじめに

安倍晋三首相は二〇一四年二月三日の衆院予算委員会で、憲法観を問われてこう述べている。「憲法について、考え方の一つとして、いわば国家権力を縛るものだという考え方はありますが、しかし、それはかつて王権が絶対権力を持っていた時代の主流的な考え方であって、今まさに憲法というのは、日本という国の形、そして理想と未来を語るものではないか、このように思います。」

ちなみに、『デジタル大辞泉』で「立憲主義」を検索すると、「憲法によって支配者の恣意的な権力を制限しようとする思想および制度」と出てくる。安倍にはこの立憲主義に関する認識が希薄であるか、それがまったく欠落しているのではないか。あるディープスロート情報によれば、政府高官が立憲主義をいくら説明しても、安倍は理解しない、そもそも理解しようという素養がないのだという。

実は、それを象徴するシーンが二〇一三年四月に挙行された「主権回復・国際社会復帰を記念する式典」（以下、「主権回復」式典）でみられた。すなわち、「安倍総理の高らかな萬歳の姿勢」である。本稿ではそこに至る経緯をたどり、首相の思想的地金をその考察から明らかにする。この作業を通じて、安倍政権は「戦後民主主義最大の危機」（山口二〇一四：一一二）だとする評価を確かめたい。

本稿は拙稿「「主権回復・国際社会復帰を記念する式典」を批判する」『政経論叢』第八二号第三・四号（明治大学政治経済研究所、二〇一四年）を圧縮・改作したものである。

第1節　「主権回復記念日国民集会」とはなにか

「終戦」[1]から六年後の一九五一年九月八日、サンフランシスコ講和条約（公式名・日本国との平和条約）が日本国と四八か国の間で締結された。その後各国で批准の手続きが取られ、翌一九五二年四月二八日に発効した。その第一条（b）には「連合国は、日本国及びその領水に対する日本国民の完全な主権を承認する」とある。この日をもって日本は主権を回復したのである。

ただ、それ以降の新聞記事を検索しても、「四・二八」に日本の主権回復を記念する集会が開かれたとする記事はヒットしない。国民には全く忘れ去られた「記念日」であった。それがある明確なイデオロギーをもったグループによって開催されるのは、主権回復四五周年を迎えた一九九七年の同日のことである。「主権回復四五周年記念国民集会」が東京の九段会館で開かれ、基調報告と「日本人はなぜ主権回復の日を忘れたか」と題するパネルディスカッションが行われた。これを報じたのは、翌日付の『産経新聞』のみである。

それから今日に至るまで、毎年その日に「主権回復記念日国民集会」が開かれていく。二〇一四年で一八回目となる。集会名称は、第一回と第六回のみそれぞれ「主権回復四五周年記念国民集会」および「主権回復五〇周年記念国民集会」と銘打たれている。

主催者は主権回復記念日国民集会実行委員会である。ただし、第六回（二〇〇二年）は産経新聞社正論調査室などが協賛した。第一六回（二〇一二年）は同委員会ならびに自民党主権回復記念日制定議員連盟およびたちあがれ日本の共催という形をとった。そして、第一七回（二〇一三年）は同委員会が主催し、自民党主権回復記念日制定議員連盟が協賛している。また、会場は第一回から第一四回（二〇一〇年）までは九段会館を使用してきた。ところが、二〇一一年の東日本大震災で九段会館が被災したため、第一五回（二〇一一年）は会場を靖国神社境内の靖国会館に移した。第一六回は自民党本部で、第一七回は日比谷公会堂で、そして第一八回はニッショーホールで開かれている。

第一六回からはその模様が、「ニコニコチャンネル」の動画配信チャンネル「日本文化チャンネル桜」で視聴することができる。いずれをみても、「主権回復記念日国民集会実行委員会世話人」の肩書きで「主催者挨拶」をしているのが、小堀桂一郎・東大名誉教授である。第一回の集会で基調報告を行ったのも小堀である。

表１　小堀桂一郎による『産経新聞』「正論」欄への投稿タイトル

No.	掲載日	タイトル	備考
①	1997.4.26	「主権回復記念日」を提案する	
②	1998.4.23	４月２８日は何の日か	
③	1999.4.24	主権意識回復の前途にあるもの	
④	2001.4.25	「国家主権」を再考するとき	
⑤	2002.4.26	「主権回復５０周年」の記念日に	講和条約発効 50 周年
⑥	2005.4.27	我等が父祖の国是三則に立ち返れ	
⑦	2006.4.27	主権回復記念日の祝日化を求める	
⑧	2007.4.28	「主権回復記念の日」の意義を考へる	
⑨	2008.4.28	「主権回復記念日」を祝日に	
⑩	2009.4.28	主権回復記念日がなぜ必要か	
⑪	2010.4.28	主権意識の欠如が国を解体する	
⑫	2011.4.28	「力」と決断の智略が国家なのだ	
⑬	2011.9.8	主権回復の日で国家を考えよう	講和条約調印 60 周年
⑭	2013.4.18	主権国家の「実」を示し、誇る日に	
⑮	2014.4.25	独立主権国家の尊厳を守る方法	

* 以下、上記記事からの引用にあたっては「小堀①」などと典拠を表記する。

第2節 「主権回復記念日国民集会」のイデオローグ・小堀桂一郎

小堀は第一回集会が催された一九九七年以降、ほぼ毎年四月二八日かその直前に、「主権回復記念日」を啓発する投稿を『産経新聞』「正論」欄に寄せている（〔前頁〕表1）。全部で一五件あり、いずれも二〇〇〇字程度で収められている。小堀の肩書きは二〇〇一年まで明星大学教授、二〇〇二年以降は東大名誉教授である。

小堀④には「この日の歴史的意義を我等日本国民が改めて銘記することを願つて、五年前の平成九年以来、筆者は同憂の友なる入江隆則・井尻千男両氏と語らつて「主権回復記念国民集会」の開催を企画し、四十五周年に当るその年から連年講演会や討論会を通じてこの日の意義を世間に訴へてきた」と書かれている。当時、入江は明治大学教授であり、井尻は拓殖大学教授であった。小堀はこの自分たち三人について、「少数の草莽の有志」（小堀⑭）とも形容している。井尻は企画に至る経緯をさらに詳しくこう述べる。

「なぜ記念すべき主権回復の日を堂々とお祝いしないのか、この歴史への疑問を小堀先生、入江先生、そして私の三人がたまたま話し合い、何らかの形で「主権回復記念日国民集会」というのをやってみようではないか、という話になったのが、平成八年暮れのある研究グループの忘年会の時です。」（井尻ほか 二〇〇八：一一・一二）

彼らは何を憂えていたのか。小堀の一連の投稿から、その「憂い」の理由を探ってみる。

「我々はこの晴れの日を主権回復記念日として祝つたこともなければ、長い間、その祝意を表現しようと考えたこともなかつた。国家主権という至高の価値に対するこの鈍感さは、今日の我々の国家意識、もしくは広く精神的状況一般に対して、或る暗い禍の翳を投げかけずにはゐない。」（小堀①）

そしてこの「或る暗い禍の翳」の例として、小堀は領土問題、歴史教科書問題、拉致問題、さらには閣僚の靖国神社参拝をめぐる隣国による重大な主権侵害に対して鈍感な世論を指摘する。なぜ世論に主権意識が希薄なのか。小堀は「主として米軍総司令部の手になる即製の一九四六年憲法（実体は「占領基本法」）の呪縛のせいである」（小堀①）と断言する。「何しろこの憲法は国の交戦権という国家主権の中でも最も重要な項目の一つを自らに対して承認してゐない」（小堀①）ところから「呪縛」は発するという。

ただ、主権侵害への世論の鈍感さを憂い糺すことだけが、小堀らの目的ではなかった。むしろ彼らがより強調したいのは、一九五二年四月二八日が「真の『終戦』を実現し得た『終戦記念日』」（小堀⑤）だということである。

小堀いわく、人びとが終戦の日と意識している一九四五年八月一五日は、戦闘状態が停止された日付にすぎない。

「国際法上の真の終戦は平和条約の発効を待つて初めて確認されたのである。停戦からこの日

（一九五二年四月二八日）に至るまでの六年八箇月の間、我が国は米軍による軍事占領を被つてゐたのであつて、日本国政府の政治上の権限は連合軍総司令部の意志の下に従属してゐた。独立の国家主権といふものはなかつた。かうした従属状態の下で次々と実践に移されて行つた米国の対日占領方針の諸施策は、謂はば戦闘能力を奪はれた敵に対する苛酷な追撃戦であつて、米国はこの戦勢を存分に活用し、日本国の弱体化と日本国民の精神的武装解除といふ長年の戦略目標をほぼ十全に達成したと見られる。」（小堀②）「軍事占領といふ形での戦争状態はそれから昭和二七年四月までの六年八カ月の間、なほ執拗に日本帝国の破壊工作を継続してゐた。」（小堀⑩）

「敵に対する苛酷な追撃戦」の制度的手段として、日本国憲法、教育基本法、神道指令、教育勅語の排除・無効確認の国会決議などが強制・強行されたというわけである。とりわけ日本国憲法は「制定過程の国際法違反が明白」であり、「この法の性格は要するに処罰的占領政策基本綱領のそれに他ならない。」（小堀⑦）従って、「主権回復の実現と同時に直ちに無効宣言・廃棄に踏みきるべきであつた」（小堀⑦）とまで小堀は述べる。(2)

第3節　「八・一五」以前と「四・二八」以降の接続

これら「屈辱的立法」が惰性的に施行され続けた結果、国民は「被占領後遺症とも呼ぶべき屈伏症候群」に無意識のうちに罹患してしまった。「それ以来本年で実に五六年の歳月が経過してゐるのに、国民の中に未だに国家主権の尊厳といふ意識に催眠術でもかけられた如く、敗戦＝被占領国根性から抜出せないでゐる不思議な人種が少なからずゐる。」（小堀⑨）だからこそ、集団的自衛権を行使できず諸外国の不信と侮りを買い、閣僚の靖国参拝では「隣国の干渉」に屈し、領土問題でも隣国の横暴を許しているのである。

そこで、「四・二八」を祝日とすることで、主権を回復した「四・二八」が真の終戦の日であることを国民に強く自覚させ、「占領体制からの脱却」（小堀⑨）が果たされなければならない。「平和条約の発効を以て、過ぐる戦争に関はる損益の貸借関係は清算され、日本国は爾来、尊厳にして不可侵の主権を保有する独立国家の地位を回復したはず」なのだから（小堀②）。

言い換えれば、彼らにとって、占領された六年八か月は光輝ある皇国の歴史における例外的中断であった。「八・一五」以前の時代と「四・二八」以降の時代は、主権国家として接続されるべきなのである。「八・一五」は体制変革の起点ではなく、敗戦に起因する主権国家たる歴史の屈辱的中断の始点にすぎない。それは「四・二八」で終点を迎えた。ならば中断は解除され、その「異質な時代」（入江の発言：井尻ほか 二〇〇八：一二二）に押しつけられた屈辱的立法は無効とすべきなのだ。「この日（一九五二年四月二八日）より以後、日本人はもはや上記の占領行政の施策に束縛される必要はなくなり、それらは全て破棄したり効力を停止して、戦前の姿にもどしたりしてもよいはずだった。」（小堀③）

そして、「同憂の友」である井尻も言う。「私は、もし四月二十八日を主権回復記念日として創設できれば、歴史観を大転換する大きなテコになると思います。」(井尻ほか二〇〇八：八九)「八・一五」以前と「四・二八」以降を接続し、その間の六年八か月は「清算」する。その意味するところ、すなわち「歴史観〔の〕大転換」とは、戦後民主主義の「清算」＝否定にほかなるまい。

第4節　自民党保守派若手議員との連携

「主権回復記念日国民集会」は毎年順調に開催され二〇〇六年で一〇回を数え、催し物として定着した。これを受けて、小堀はじめ実行委員会は次の段階の明確な政策目標として「四・二八祝日化」を意識するに至ったと考えられる。併せて大きいのは、二〇〇五年五月一三日の参院本会議で、四月二九日の「みどりの日」を「昭和の日」とするなどの祝日法改正案が可決・成立したことである(施行日は二〇〇七年一月一日)。そこで小堀⑦はこう書いている。「我々の提唱するのが、四月二十九日を『昭和の日』とし国民の祝日に再登場せしめることに成功した、その驥尾に附しての「主権回復記念日」の祝日化である。」

さらに追い風が吹いていた。いわゆる小泉郵政解散に基づく二〇〇五年九月の総選挙で自民党が圧勝し、同党公認の新人候補が大量に当選した。彼らのうち、保守色の強い議員三四人が翌二〇〇六年二月一〇日に勉強会「伝統と創造の会」(以下、伝創会)を設立した。会長は稲田朋美衆院議員である。その中の二一人が同年四月二八日に「記念すべき日」だとして、靖国神社に集団参拝したのである。井尻はこの集団参拝について、ずっと「政界はこの日に対して甚だ冷ややか」だったので、「私達にとっては大変嬉しい『朗報』とも言うべき出来事でした」（井尻ほか 二〇〇八：一二）とごきげんである。要するに、それまでの「穏健」な自民党からは相手にされないほど「過激」な主張を、彼らは展開していたということだろう。

さっそく伝創会の幹部は、翌二〇〇七年の「主権回復記念日国民集会」に登壇者として招かれた。赤池誠章、稲田朋美、薗浦健太郎、林潤の各自民党衆院議員である（井尻ほか 二〇〇八：一五七）。この「快挙」について小堀は、「一度に四人の〔国会議員の〕登場は初めてで、立法府の内部に祝日法の改正に関心を寄せる同志が現れたことで主催者は大いに元氣づけられた」（小堀 二〇一三：二一六）と評した。こうして、保守系国会議員と主権回復記念日国民集会実行委員会が結びついた。後述するように、やがて彼らを軸として「四・二八」を祝日とする祝日法改正案が準備されていくことになる。

次の二〇〇九年八月の総選挙では、伝創会のメンバーの多くは落選の憂き目を見る。会長の稲田は再選を果たし、会の活動を続けていく。そして、二〇一一年には「主権回復」式典実現の上で重要な出来事が二件あった。第一には、同年二月二五日に、稲田や伝創会のメンバーを含む自民党有志議員が「四月二八日を主権回復記念日にする議員連盟」を結成したことである。会長にはベテランの野田毅衆院議員が就いた。四月二八日には国会内で記念集会を開き、谷垣禎一自民党総裁も出席した。谷垣は「四月二八日は極めて大事な日であり、六〇周年に向けて少しでも（法制化を）前に進める努力をしなくてはならない」と発言し（二〇一一年四月二九日付『産経新聞』）、会の問題意識に歩調を合わせた。

第二には、八月二六日に同議員連盟が中心となって、「四・二八」を祝日とする祝日法改正案が議員立法として衆院に提出されたことである。二日前の同議連の会合でまとめられた。改正案では、「四・二八」は「苦難の占領期を経て主権を回復したことを記念し、国の真の独立の意味に思いをいたす」と意義づけられた。もちろん野党の議員立法が成立することはまずなく、むしろ来る総選挙に向けて自民党の保守色を印象づけることが目的であった。

前述のとおり翌二〇一二年四月二八日の第一六回主権回復記念日国民集会が自民党本部を会場に開かれたことも、党内世論形成に大きな影響を与えたに違いない。そこには谷垣総裁が来賓として登壇・あいさつし(3)、安倍元首相がビデオメッセージを寄せている。党の大物二人が主催団体の主張に賛意を示したのである。

さて、祝日法改正案は衆院内閣委員会に付託された後、国会各回次では閉会中審査のための手続きがされただけで、実質的な審議はなされていない。そして二〇一二年一一月の解散で廃案となった。とはいえ、法案として主張を形にしたことが、二〇一二年総選挙に際して自民党が提示した「J・ファイル二〇一二　総合政策集」の内容に反映され、政権復帰後の記念式典挙行へとつながっていく。安倍が幹事長代理時代に政界入りさせた稲田は、第二次安倍内閣で行政改革などの担当大臣として初入閣を果たす。

この自民党の「総合政策集」には、各政策分野にわたる自民党の目指す政策に通し番号が付けられている。その最後は「三二八」である。ここに「政府主催で、二月一一日の建国記念の日、そして二月二二日を『竹島の日』、四月二八日を『主権回復の日』として祝う式典を開催します」と記載されている（自民党 二〇一二：七五）。これら三つの政府主催式典の挙行目標のうち、いまのところ達成できたのは「主権回復の日」だけである。

第５節　「党の公約だからやろう」とやる気満々の首相

安倍首相が「四・二八」に政府主催の記念式典開催を検討していると表明したのは、二〇一三年三月七日午前の衆院予算委員会においてのことであった。そこで前出の「四月二八日を主権回復記念日にする議員連盟」会長の野田がこう質した。

「昨年の総選挙の際のJ-ファイル、我が党の公約集の中に、四月二十八日を主権回復の日として祝う式典を政府主催で開催します、こう明記してあることでございます。／約束したことは必ず守るのが安倍内閣の基本方針でございます。そこで、善は急げということもございます。ことしの四月二十八日は、ちょうど連休前でもございますし、日曜日でもございます。そういう点で、もう大分時間的には切迫はしておりますものの、どうぞことしの四月におやりいただくことができますように、まずはよろしくお願いを申し上げたいと思います。いかがでしょうか。」

これは与党の質疑であるから、もちろん「主権回復」式典開催を首相に公式表明させるための「やらせ」質疑である。野田の真意は世論へのアピールにある。受け取る側の唐突さを和らげるために「総合政策集」への記載を持ち出している。待ってましたとばかりに首相は答弁する。

「この四月の二十八日、六十年前の四月二十八日に独立をした、このことをしっかりと認識する、そして新しい歩みがそこから始まったんだということも認識をするいわば節目の日であるわけでございますが、この節目を記念し、我が国による国際社会の平和と繁栄への責任ある貢献の意義を確認するとともに、これまでの経験と教訓を生かし、我が国の未来を切り開く決意を確固としたものとするため、本年の四月二十八日に政府主催の記念式典を実施する方向で検討しております。」

「党の公約だからやろう」と首相はたいへん乗り気だったようだ（二〇一三年三月一三日付『朝日新聞』）。その心理を類推させるものとして、上記の二〇一二年四月二八日の「主権回復記念日国民集会」に安倍が寄せたビデオメッセージがある。その中で安倍は穏やかに語りかけている。

「本来であればこの日をもって日本は独立を回復したわけでありますから、占領時代に占領軍によって行われたこと、日本がどのように改造されたのか、日本人の精神にどのような影響を及ぼしたのか、もう一度検証し、そしてきっちりと区切りを付けて、日本は新しいスタートを切るべきでした。それをやっていなかったことが今日大きな禍根を残しています。戦後体制からの脱却、戦後レジームからの脱却とは占領期間に作られた占領軍によって作られた憲法や、あるいは教育基本法、様々な仕組みをもう一度見直しをしていく、そしてその上に培われてきた精神を見直しをしていく、そして真の独立を、真の独立の精神を取り返すことであります。」（「安倍晋三・元総理ビデオ挨拶12・4・28主権回復記念日国民集会⑭（http://www.yourepeat.com/watch/?v=oy2WWg09_JM）」）

安倍のいう「戦後レジームからの脱却」は、小堀が説いた「占領体制からの脱却」と見事に共振する。さらに安倍は、自らの〔第一次〕政権で教育基本法改正を実現し、郷土愛、愛国心を書き込むことができた、次は憲法でまずは改正条項の憲法九六条を変えたいと続けている。[4]

再び、ディープスロート情報によれば、現在、首相執務室にはネオコンとよばれる保守派の若手議員が安倍の親衛隊よろしく終日詰めていて、記者を首相に近寄らせないという。まるで彼らが官邸を乗っ取ったような光景が現出しているらしい。「主権回復」式典にかける首相の強い意欲の裏には、ネオコンに相当ねじを巻かれた側面もあろう。

いずれにせよ、やる気満々の首相の下で事態は急展開し、三月一二日には式典開催の閣議決定へと至る。同日の閣議後、菅義偉官房長官は定例記者会見でその旨を発表する。

「本日の閣議において、主権回復・国際社会復帰を記念する式典を政府主催により、来る四月二八日（日）、憲政記念館において、天皇皇后両陛下の御臨席の下、各界代表の参列を得て実施することが決定をされました。この式典は、平和条約の発効による我が国の完全な主権回復、及び国際社会復帰六〇年の節目を記念をし、我が国による国際社会の平和と繁栄への責任ある貢献の意義を確認するとともに、これまでの経験と教訓をいかし、我が国の未来を切り拓いていく決意を確固としたものにするため、挙行するものであります。」（首相官邸ＨＰ）

表2　「主権回復」式典の参列者数など

	参列を案内した数	参列者数	参列率（%）
都道府県知事	47	25**	53.2
衆院議員*	423	152	35.9
参院議員*	217	33	15.2
民間各界代表	52	41	78.8
各府省幹部(事務次官等)	17	16	94.1
合計	756	267	35.3

＊首相、国務大臣、内閣官房副長官および首相補佐官ならびに副大臣および大臣政務官である者を除く。
** このほか「知事の代理の者」が22名参列した。
作成参照：2013年5月14日付照屋寛徳衆院議員提出の「いわゆる4.28「主権回復の日」政府式典の挙行結果と今後の開催に関する質問主意書」に対する同年5月24日付政府送付の答弁書。

第6節　「不意に「天皇陛下萬歳！」の聲が揚った」

当日の各界からの参列者数は表2のとおりである。沖縄県の仲井真弘多知事は県民感情を重くみて欠席し、高良倉吉副知事を代理出席させた。参院議員の出席率が低いのは、七月に参院選を控えていたためであろう。

二〇一三年において、天皇・皇后と三権の長の合計六人が一堂に会した政府主催の記念式典は、このほかに三月一一日の東日本大震災二周年追悼式と八月一五日の全国戦没者追悼式しかない。「主権回復」式典はそれらに並ぶと破格の扱いである。共産党、生活の党、社民党は天皇の政治利用だと強く批判した(5)。ただ、天皇の「おことば」がなかった点で、前二者と差がつけられた。その反面、「天皇陛下万歳」唱和のおまけがついた。

この式典の様子は政府インターネットテレビ（http://nettv.gov-online.go.jp/prg/prg7853.html）、ないしはニコニコ動画（http://www.nicovideo.jp/watch/sm20727693）でみることができる。官房長官による「閉式の辞」があったあと、天皇・皇后退席がアナウンスされる。そして、天皇・皇后が離席して移動している際に会場から「天皇陛下万歳」という男性の声がかかった。出席していた小堀によれば、「国会議員席と思しきあたりから不意に「天皇陛下萬歳！」の聲が揚つた」（小堀二〇一三：二二〇）という。(6)「万歳」の唱和と行為は次第に会場全体に波及していった。映像でみる限り、壇上の首相は両手を垂直に上げ誇らしげに唱和している（ニコニコ動画では再生後四〇分三〇秒くらい）。

小堀はこれを「安倍総理の高らかな萬歳の姿勢」と高く評価している（同）。しかし、私にはこのシーンこそ安倍の思想的地金を象徴的に示していると思えてならない。日本国憲法の下、国民主権が規定されているにもかかわらず、天皇主権国家のように首相が嬉々として万歳するとは。安倍の立憲主義に対する無理解をまざまざと見せつけられた。前出の安倍の式辞にある「我が国の未来を切り開く決意」が聞いて呆れる。未来志向どころか、戦前回帰ではないか。

対照的に、同じ壇上にいた竹﨑博允最高裁長官がやや遅れて遠慮がちに両手を上げるのが痛々しい。虚を突かれた天皇・皇后は壇上で一瞬困惑した表情を浮かべて立ち止まっている。

同日夜に、式典に参列していた公明党の山口那津男代表は万歳唱和について、「日本国憲法が施行されて国民主権が規定されている中で日本の独立が認められた日だ。その意義を十分に踏まえた行動だったかどうかは問われる」と記者団に述べている（二〇一三年四月二九日付『朝日新聞』）。竹﨑の逡巡を解説するかのようである。官房長官は四月三〇日の記者会見で、「私自身の閉式の辞で式典は終了した。政府の式典には予定がなく、全く予想していなかった」と釈明した（二〇一三年四月三〇日付共同通信配信記事）。

とはいえ、自然発生的に「天皇陛下万歳」の声がかかること自体、この催しのイデオロギー的に偏向した雰囲気を示唆していよう。小堀によれば、「現場の空氣は謂はば自然発生的な一同の熱唱だつた」（小堀二〇一三：二二〇）という。

沖縄二区選出の照屋寛徳衆院議員（社民）は五月一四日付質問主意書（「いわゆる四・二八『主権回復の日』政府式典の挙行結果と今後の開催に関する質問主意書」）で、「安倍総理は式次第にもない「天皇陛下万歳」をいかなる心境で唱和したのか、又、安倍内閣の閣僚のうち何名が四・二八政府式典に出席をし、そのうち「天皇陛下万歳」を唱和した閣僚は何名か」と政府に質した。政府による五月二四日付答弁書は次のとおりであった。

「御指摘の唱和は本式典の次第にはなく、本式典の終了後に行われたものであり、政府としてお尋ねの心境に関するお答えは差し控えたい。また、本式典には内閣総理大臣を始め十八名の閣僚が参列したが、そのうち本式典終了後に行われた御指摘の唱和をした人数については、政府として把握していない。」（衆議院ＨＰ）

第７節　今年は開催せず

二〇一四年二月一〇日午前の官房長官記者会見で、『日本経済新聞』の記者が「主権回復」式典を今年は開催を見送るのかと菅官房長官に尋ねた。官房長官は「五年とか一〇年とか節目節目という形で進めていきたい」と答えて、二〇一四年には政府として開催しないことを事実上認めた。(http://www.kantei.go.jp/jp/tyoukanpress/201402/10_a.html)

上記の質問主意書の中で、照屋は「政府は来年以降も毎年四・二八政府式典を開催するつもりか」とも問うている。答弁書には「このような未来を切り拓いていく決意は、節目ごとに、諸情勢を踏まえつつ、確認していくものであると考える」とあり、ここでも次回開催について明言は避けられていた。(7)

この背後には天皇、ないし皇室全体の意思が働いているのではないかと私は推測している。二〇〇四年一〇月二八日の園遊会の席上、当時東京都教育委員を務めていた棋士の米長邦雄が「日本中の学校で国旗を掲げ、国歌を斉唱させるというのが私の仕事でございます」と天皇に話しかけた。これに天皇は「やはり、強制になるということではないことが望ましい」と応じたのである(二〇〇四年一〇月二九日付『毎日新聞』)。

あるいは、二〇一三年一二月二三日の八〇歳の誕生日を前にした記者会見で、天皇は「平和と民主主義を守るべき大切なものとして、日本国憲法を作り、様々な改革を行って今日の日本を築いた」

と戦後復興の足取りを回顧し、「憲法の条項を順守し、天皇としての活動を律している」と述べている（二〇一三年一二月二三日付『朝日新聞』）。

皇后も二〇一三年一〇月二〇日の七九歳の誕生日に宮内記者会の質問に文書で回答し、今年印象に残ったこととして「五月の憲法記念日をはさみ、今年は憲法をめぐり、例年に増して盛んな論議が取り交わされていたように感じます」と憲法論議を取り上げている。さらに明治憲法の公布前に民間有志が起草した「五日市憲法草案」に言及し、そこに基本的人権の尊重や言論の自由などが規定されていたことに「深い感銘を覚えた」と書いた（二〇一三年一〇月二〇日付同紙）。

加えて、皇太子も二〇一四年二月二三日の五四歳の誕生日を前にした記者会見で、「今後とも憲法を順守する立場で事に当たっていくことが大切」と答えた（二〇一四年二月二三日付同紙）。

言うまでもなく、天皇および皇室の法的根拠は日本国憲法にある。従って、彼らが憲法を順守するのは当然のことで、わざわざ述べるまでもない。それを敢えて口にしたことに、彼らの本心が含意されているとはとれまいか。天皇を崇敬してやまない保守派が天皇を元首化し自衛軍保持を明記した新憲法制定を目指しているのとは裏腹に、天皇自身は現行憲法とそこに謳われている価値観に深い愛着を抱いている。もしこの見立てが正しければ、こんなパラドクスはない。だからこそ、天皇は「主権回復」式典での国民主権を否定し、戦前を想起させる「天皇陛下万歳」の唱和に戸惑い、もっと言えば不快感をもったのだ。そして、この感情を察知した側近が官邸にその旨を伝えたのではなかろうか。

むすびにかえて

これまで確認してきたように、「主権回復」式典はきわめてイデオロギー的な作為に満ちた政治ショーにすぎない。「未来を切り拓いていく決意」との美名の下、「主権回復」式典の背景にある思想は「過去を美化する情念」とでもいうべきものであろう。

小堀ら一部の復古主義的グループの大時代な主張に、稲田はじめ自民党保守派若手議員が賛同することで式典開催はアジェンダにのることになった。彼ら伝創会はやがて野田のような「大物」議員を巻き込むに至り、式典挙行は「総合政策集」にも掲げられていく。二〇一二年九月の自民党総裁選ではこの年の「主権回復記念日国民集会」にビデオメッセージを寄せた安倍が当選し、一二月に第二次安倍内閣が発足する。安倍は稲田を入閣させ、なによりも自分自身がこの式典実現に強い意欲を示した。このことがスピード開催を可能にしたのである。取り巻きのネオコンの耳打ちがあったにせよ、首相のリーダーシップが政策実現に果たす役割はやはり大きい。

とはいえ、なぜ国民はこれまで「四・二八」を意識してこなかったのか。私たちが「占領時代の情報操作によって「洗脳」され」（小堀③）たためなのか。そうではなく、多くの国民が日本国憲法に基づく戦後改革が実現した価値観を支持したためではないか。おそらく天皇自身もまたそうなのだ。戦前・戦中の負の記憶は、国民に占領期間を例外視させたのではなく、「八・一五」以降を戦前・

戦中とは断絶した「戦後」として連続してとらえさせたのであろう。ところが戦後七〇年近くになるいま、負の記憶が風化したところに、負を強引に正に転じさせることを狙って「主権回復」式典がセットされたわけである。

「八・一五」から「四・二八」までを皇国の歴史の例外的中断期間ととらえることは、日本国憲法の制定をはじめ戦後民主主義の基礎が築かれた時期を否定することを意味する。もちろん憲法に謳われた戦後民主主義の根幹は国民主権である。「安倍総理の高らかな萬歳の姿勢」はこれを峻拒し、立憲主義と戦後民主主義の放棄を意味する。これこそ彼の思想的地金であろう。

立憲主義を理解できない安倍には、中曽根康弘元首相の次の警句を贈りたい。「首相たるもの「権力の魔性を自戒せよ」と自覚しなければならない（略）私が「魔性」と言うのは、政治家を独善的な道に走らせる麻薬的効果が権力にはあるが、それを警戒しなくてはならない、という戒めの言葉です」（中曽根 二〇〇四：一六二）。

そして、「戒め」の制度的担保が立憲主義にほかならない。

〈注〉

(1)「八・一五」を「敗戦」とよばず「終戦」と称するのは事実の隠蔽だと私はずっと考えてきた。ところが、二〇一三年に死去した品川正治の本を最近読んでその考えが変わった。品川はこう記す。「私は敢えて「終戦」で結構だと言いたい。この戦争が終わったという意味で「終戦」というのではない、日本は二度と戦争はしない、未来永劫、戦争はしない、二度と他国に兵を出さない、という決

意の表明として「終戦」と呼ぼう」（品川 二〇一三：一五）

(2) このような日本国憲法の「占領下押しつけ論」に対しては、その起草・制定時に首相であった吉田茂がすでに次のように反論している。

「私はその制定当時の責任者としての経験から、押しつけられたという点に、必ずしも全幅的に同意し難いものを覚えるのである。成るほど、最初の原案作成に当っては、終戦直後の特殊な事情もあって、可成り積極的に、せき立ててきたこと、また内容に関する注文のあったことなどは、前述のとおりであるが、さればといって、その後の交渉経過中、徹頭徹尾〝強圧的〟もしくは〝強制的〟というのではなかった。わが方の専門家、担当官の意見に十分耳を傾け、わが方の言分、主張に聴従した場合も少くなかった。（略）また、いわゆる草案が出来上ってからは、国内手続としても、枢密院、衆議院及び貴族院という三段階の公的機関において審議を経たのである。これらの機関の顧問官または議員のうちには、第一流の憲法学者をはじめ、法律、政治、官界のいわゆる学識経験者を網羅しており、しかもこれらの人々は占領下とはいいながら、その言論には何等の拘束を受くることなく、縦横無尽に論議を尽したのである。すなわち憲法問題に関する限り、一応当時のわが国の国民の良識と総意が、あの憲法議会に実現されたのである。／新憲法は終戦直後、軍事占領下に制定されたという点を特に強調する論があるが、外国の憲法制定をみても、戦時とか非常時とかに生まれたものが多く、普通、平常の場合というのは案外少いようである。故に制定当時の事情にこだわって、余り多く神経を尖らせることは妥当でないように思う。要は、新憲法そのものが国家国民の利害に副うか否かである。」（吉田 一九九八：五五—五七）

私も重要なのはその「出自」ではなく、それが「国民の利害に副うか否か」であると考える。

(3) 司会者に紹介されあいさつに立った谷垣は、冒頭「きょうは主権回復記念国民集会、大勢の方にお出でをいただきまして本当にご苦労さまでございます」と切り出した。集会名称にある「日」が脱落しており、正しく記憶していない。また、あいさつの中で「四月二八日」と言うべきところを「二七日」と間違え、あわてて言い直している。本心ではあまり乗り気でないことが透けて見えるようである。このあいさつは、第一六回主権回復記念日国民集会を収録したニコニコ動画「一／二【完全版】四・二八主権回復記念日国民集会」http://www.nicovideo.jp/watch/1335927003 でみることができる。

(4) ただ、第二次政権発足後、首相はこのおはこのフレーズである「戦後レジームからの脱却」を意識的に封印してきた。国会会議録検索システムで第二次政権になってからの首相の答弁を「戦後レジーム」で検索すると、ヒットするのは二〇一三年五月一四日と一五日のみんなの党の小野次郎参院議員（二〇一三年一二月より結いの党幹事長）の質疑に対する答弁だけである。ところが、二〇一四年三月一四日の参院予算委員会で、「私は戦後レジームから脱却をして、（戦後）七〇年が経つなかで、今の世界の情勢に合わせて新しいみずみずしい日本を作っていきたい」と答弁した（二〇一四年三月一五日付『朝日新聞』）。「美しい国」の次は「みずみずしい日本」か。その文学的センスに敬服する。

(5) 新右翼の代表的存在である一水会も、同様の理由で「主権回復」式典を強く批判し反対運動を展開した。同会のブログ「一水会活動最新情報！」(http://ameblo.jp/issuikai/page-31.html#main)

によれば、同会の木村三浩代表は四月二六日と二七日に参議院議員会館前で抗議のハンガーストライキを行った。二八日当日は首相官邸に向け、拡声器で中止を呼びかけた。その後、木村は「四・二八　政府主催『主権回復記念式典』に抗議する国民集会デモ」に向かい、集会であいさつしデモに参加した。これに関するブログは次のように結ばれている。「『四・二八』はこうして終了しましたが、安倍政権が今後も沖縄県民の怒りを無視し、さらには畏れ多くも天皇陛下を政治利用するようなことがあれば、再び今回と同様、猛烈な抗議運動を展開してまいります。何度も繰り返しますが、我が国は安倍政権の言うような『完全な主権回復』など、未だに果たしてはいません。我が国が現在の対米従属姿勢を改めて初めて、本当の意味での『主権回復の日』が訪れるのです（F）。」

（6）ただし、ネット上にアップされている政府インターネットテレビとニコニコ動画のいずれの動画でも「天皇陛下」のかけ声は拾われておらず、「万歳」しか聞こえない。

（7）二〇一三年参院選に際して自民党が発行した総合政策集「J-ファイル二〇一三」も、「主権回復」式典については「今後とも節目の年に開催します」と記すにとどまっている（自民党 二〇一三：七八）。

（8）野田は現在の自民党所属衆院議員では最多の一四回の当選を誇る「大物」ではあるが、自民党から新進党に移り、その解党後は小沢一郎とともに自由党を立ち上げ、さらにその後小沢と訣別して保守党をつくり党首にまで収まり、最終的に自民党に復党した「出戻り」議員である。思想遍歴も振幅が大きく、野田がどこまで小堀ら保守派知識人の年来の訴えを理解しているか疑問である。二〇一三年四月二八日の第一七回主権回復記念日国民集会で、小堀の次に「四月二八日を主権回復記念日にする議員連盟」会長として登壇した野田は、冒頭その議連の正式名称を述べられず、あいさつの途中「ポツダム宣言で無条件降伏した」と「失言」して、会場から厳しいヤジを浴びている。現場にいた小堀によれば、「『無条件降伏』といった初歩的な誤謬を〔野田が〕口にした途端に会場の四方八方から猛烈な、罵聲に近いやじが飛んで暫しをさまりがつかなかつたほどであつた。」(小堀 二〇一三：二二二)

〈引用文献〉


井尻千男(二〇〇〇)『漫録おやじ 日本を叱る』新潮社。

井尻千男・入江隆則・小堀桂一郎(二〇〇八)『主権回復』近代出版社。

小堀桂一郎(二〇一三)「主権回復記念日制定の意義再説」『正論』二〇一三年七月号。

品川正治(二〇一三)『戦後歴程』岩波書店。

自民党(二〇一二)「J-ファイル二〇一二 総合政策集」

――――(二〇一三)「J-ファイル二〇一三 総合政策集」

中曽根康弘(二〇〇四)『自省録』新潮社。

山口二郎(二〇一四)「今年の国内政治最大の問題 安倍カラーが生み出す戦後民主主義の危機」『週刊東洋経済』二〇一四年一月一一日号。

吉田茂(一九九八)『回想十年 2』中公文庫。

〈本書収録時の追記〉

二〇一五年以降も四月二八日に「主権回復記念日国民集会」は開催されている。ただし、二〇二〇年と二〇二一年は「武漢ウイルス感染症のため休会の已むなきに至った」（二〇二三年四月二八日付『産経新聞』掲載の小堀桂一郎「正論」）。二〇二二年には「国民主権とウクライナ問題」をテーマに開かれた。「四・二八」をめぐる小堀の『産経新聞』「正論」欄への投稿も毎年続けられている。

ただし、政府主催の「主権回復の日」式典はその後行われていない。五年の節目となる二〇一八年の式典も政府主催とはならなかった。

毎年発行される自民党の総合政策集「J-ファイル」をみると、本文注(7)で紹介した「今後とも節目の年に開催します」との記載は二〇一六年までは存在するが、二〇一七年以降は消去されている。すなわち、政府による「主権回復の日」式典の開催は自民党の公約ではなくなった。

「四月二八日を主権回復記念日にする議員連盟」については、小堀に「いつかその動きは影が薄くなり、聲も細くなつてしまつた様である」と書かれている（二〇一五年四月二三日付『産経新聞』）。稲田朋美を中心とした「伝統と創造の会」は家族観をめぐる路線対立から分裂し、脱会した議員たちは二〇二〇年六月に「保守団結の会」を結成した。稲田のＨＰには、二〇二二年四月二八日に伝創会で二年ぶりに靖国神社を参拝した記事が掲載されている。しかし、その写真には稲田を含め六人しか写っておらず痛々しい。

第2章　記憶と記録のあいだ
――安倍政権下の「真理省」的状況を憂える

はじめに

記録に残せ

「記憶に頼るな、記録に残せ」――プロ野球・楽天イーグルスの元監督である野村克也は、二〇一五年一一月一六日にツイッターにこうつぶやいた（野村克也名言集 on Twitter）。それによれば、野村は三冠王にも輝いた現役時代、対戦相手の投手の配球やクセを一人残らずメモに残していた。「同じ失敗を予防するために欠かせなかった」という。

もとより、人の記憶は当てにならない。自分の都合のいいように記憶しがちである。その結果、同じ失敗を繰り返すことになる。人の寄せ集まりが社会であるから、社会でも同様の事態が生じる。それを防ぐために記録を取る。私の職場では、会議には必ず職員も出席し会議記録を作成する。次回会議の冒頭に出席者全員でそれを確認して、各自の記憶を記録と一致させる。「職員の出ない会議は会議とは言わないんだ」と先輩教員から教えられたことがある。

一方で、記録の存在が時の権力者にとって抹消したい過去となる場合も少なくない。裏返して言えば、記録が権力の暴走を抑制するのだ。最も有名な事例がスターリンによる写真の偽造であろう。一九二三年に『赤い畑』という雑誌が、対ポーランド戦争時にモスクワで演説するレーニンの写真を掲載した。その右側にはトロツキーとカーメネフが写っている。ところが、スターリン時代に流布されていた同じ写真にはこの二人は抹消されている（藤井 一九九〇：二四―二六）。スターリンにとって、政敵のトロツキーとカーメネフがレーニンの側近だったことを示唆する記録は、抹消したい過去だったのだ。

記録から消された趙紫陽

こうした「わかりやすい」記録の改ざんは遠い過去の出来事ではない。二〇一五年一一月二〇日、中国国営中央テレビは胡耀邦元中国共産党総書記の生誕一〇〇年を記念するドキュメンタリー番組を放送した。その中で、胡の党総書記就任を報じる一九八二年九月一三日付『人民日報』一面の記事が映し出された。そこに掲載された写真には、その後の天安門事件で失脚する趙紫陽元総書記も写っていた。しかし、番組では趙がいたはずの場所に李先念がいたという（二〇一五年一一月二四日付『朝日新聞』）。

前日の九月一二日に中国共産党第一二期中央委員会第一回全体会議（以下、第一二期一中全会）が

人民日報

RENMIN RIBAO

1982年9月
13
星期一
壬戌年七月廿六
北京地区天气预报
白天 晴间多云
风向 北转南
风力 一、二级
夜间 晴
风向 南转北
风力 一、二级
温度 最高 28°C
最低 12°C

〜〜（略）〜〜

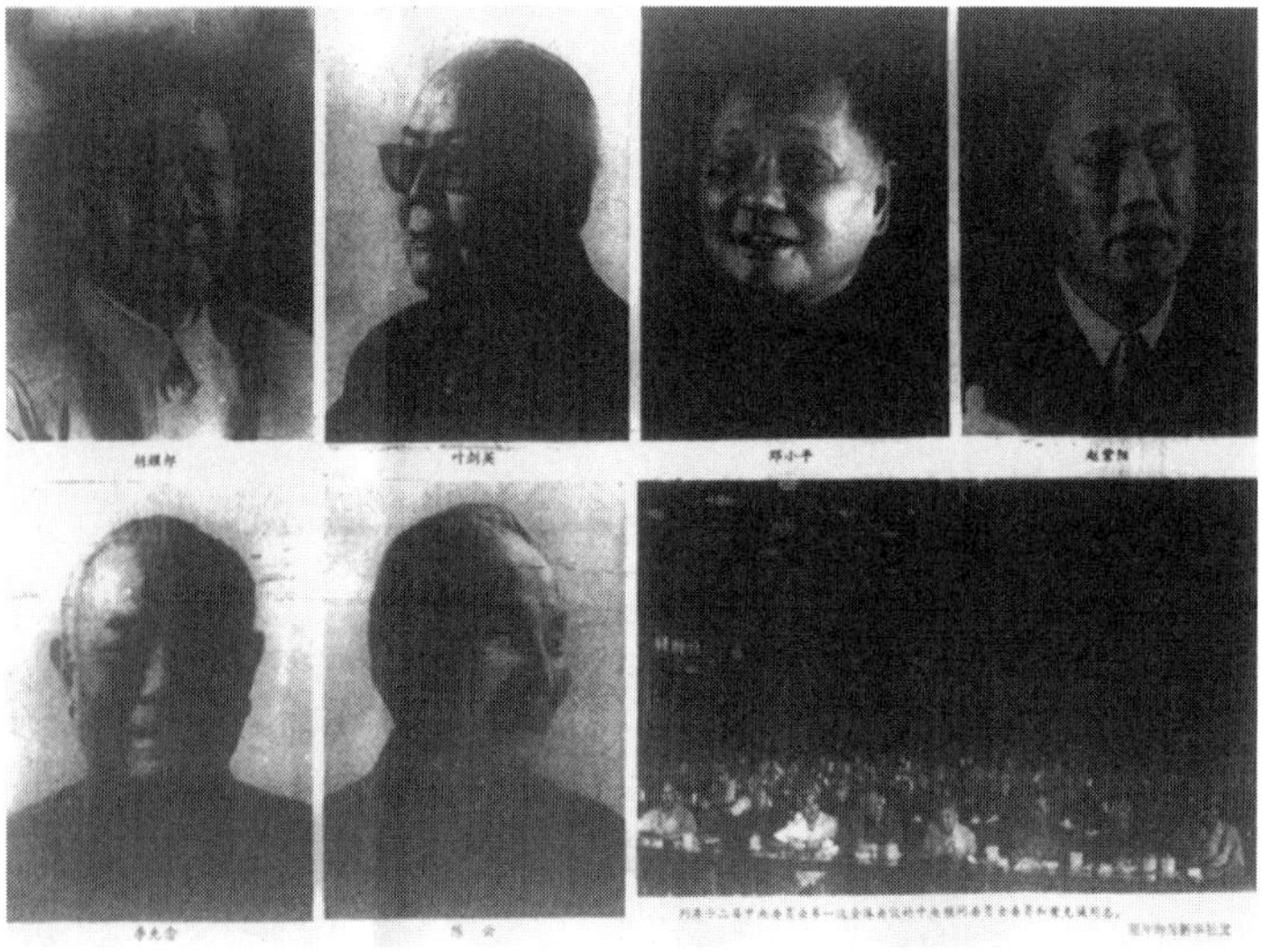

開かれ、胡が総書記に就くとともに、胡を含む六人の中央政治局常務委員が選出された。胡耀邦、葉剣英、鄧小平、趙紫陽、李先念、そして陳雲である。一三日付『人民日報』は一面でこれを大きく報じ、同紙面の下半分には中央政治局常務委員六人の個人写真と第一二期一中全会の出席者の集合写真の合計七枚の写真が二段になって掲載された。〔上〕記のように、趙紫陽は

上段右端に、李先念は下段左端に写っている。

二〇一五年一一月二七日付『読売新聞』は上述のテレビ番組で流された、偽造された『人民日報』の写真を掲載した。その記事では確かに趙紫陽の写真が李先念の写真に取り替えられている。では、本来李先念の写真があった場所にはだれの写真が挿入されたのか。私の推理では、テレビに映し出された『人民日報』一面は上段の四枚の写真の部分までで、下の三枚の写真は画面に映らないようにしたのではないか。中央政治局常務委員はこのとき六人選出されたのであるから、李先念の写真があった場所を埋められる人物はいないのである。

いずれにせよ、天安門事件で民主化を主張した学生たちに理解を示した趙紫陽の写真は、中国共産党にとっていまだに抹消したい過去のままである。

権力者は記録を抹消・捏造して、人々の記憶から「不都合な真実」を意図的に消し去ろうとする。これは権力者に共通する本能的な欲求だろう。ただ、ナチスの強制収容所へ移送される途中に脱走して生き延びた精神科医で作家のボリス・シリュルニクの次の言葉をきくとき、私は日本の現状について深い憂慮を禁じ得ない。「社会の意図的な記憶喪失こそが全体主義の再来を招く。私はそう思っています」（二〇一五年一二月一日付『朝日新聞』）。

イギリスの作家ジョージ・オーウェル（George Orwell）は、「記憶と記録のあいだ」に仕掛けられるこの落とし穴を鋭く察知し、逆ユートピア小説『一九八四年』に「真理省」（Ministry of True）を登場させた。本稿ではその場面描写から説き起こして、安倍政権下でまさに進行している「真理省」的事態を指摘したい。

第1節　「真理省」とはなにか

オーウェル『一九八四年』

ジョージ・オーウェル（本名エリック・アーサー・ブレア Eric Arthur Blair）は一九〇三年に税関吏の息子として、当時イギリスの植民地であったインドに生まれ、一九五〇年にロンドンで四六歳の若さで死去している。その間、数多くの小説やエッセイを執筆した。彼の名声を高めたのは、晩年の『動物農場』（一九四五年刊）と『一九八四年』（一九四九年刊）の二作である。いずれもすぐれた逆ユートピア小説として、ゆるぎない評価を受けている。

そのうち、『一九八四年』はタイトルが示しているとおり近未来小説である。それによれば、一九八四年の世界は、オセアニア、ユーラシア、そしてイースタシアの超大国三国によって分割統治され、これらが相互に戦争を繰り返している。この小説の主人公ウィンストン・スミスは、オセアニア国真理省記録局に勤務する。この国では「ビッグ・ブラザー」とよばれる支配者が君臨しており、国中の至るところに〝BIG BROTHER IS WATCHING YOU〟（「ビッグ・ブラザーがあなたを見ている」）という標語があふれている。

これは決して比喩ではない。オセアニアの各家庭には「テレスクリーン」という監視装置が備え付けられている。現代に置き直せば、スカイプで国家と家庭が常時つながっている状態とでも言えようか。

小説の冒頭で、オーウェルは真理省の威容を次のように描いている。

「真理省（略）は視界に映る他の対象とは驚くほどかけ離れていた。巨大なピラミッド型の建築で、白いコンクリートをきらめかせ、上空三百メートルの高さまでテラスを何層も重ねながら、聳え立っている。その白い壁面に優雅な文字によってくっきりと浮かび上がった党の三つのスローガンは、ウィストンの立つ窓辺からも辛うじて読めた。

戦争は平和なり
自由は隷従なり
無知は力なり

真理省は地上部分に三千の部屋を持ち、それに対応する分室が地下に展開されていると言われていた」（オーウェル 二〇〇九：一一／ゴチック体は邦訳のママ）。

「二重思考」

上記の三つのスローガンはもちろん論理的に破綻している。「Aは非Aなり」と主張しているからだ。だが、オセアニアではこの論理矛盾は「二重思考（Doublethink）」によって「止揚」される。「打ち消し合う二つの意見を同時に奉じ、その二つが矛盾することを知りながら、両方とも正しいと信ずること」(同五六—五七)——この思考訓練をオセアニア国民は常に強いられ、馴らされていく。

後述するように、真理省は真理の探究ではなく、歴史の偽造を行う役所だった。ソ連共産党の機関紙『プラウダ』はロシア語で「真実」という意味であるが、『プラウダ』は「真実」を伝えないと揶揄された。アメリカ合衆国憲法修正第一条は言論の自由を保障している。にもかかわらず、アメリカ連邦議会下院非米活動委員会は赤狩りに狂奔した。そして、二〇一五年九月に成立したいわゆる安保法制は戦争法にほかならない。実は「二重思考」は私たちのありふれた現実なのだ。

一三歳のとき脱北し、いまは韓国で暮らすパク・ヨンミは、北朝鮮はその究極の実践国であったことを活写している。

「北朝鮮人の頭のなかでは、つねにふたつのストーリーが進行している。並行する二本の線路を走る列車みたいに。ひとつは信じろと教えられたこと、もうひとつは自分の目で見たこと。(略)これ〔二重思考〕は矛盾するふたつの考えを同時に持てて、頭が変にもならない能力のことだ。(略)北朝鮮が社会主義の楽園であり、世界最高の国で、国民はみなこのうえなく幸福で他国をうらやむことなどないと信じるいっぽうで、敵国の映画やテレビを夢中で観て、自分たちは夢に見ることもできないような豊かな生活を楽しむごく普通の人々にあこがれることだ」(パク 二〇一五:七八—七九)。

ウィンストン・スミスの仕事

さて、真理省記録局勤務のウィンストン・スミスの仕事は、オセアニアで発行されている『タイムズ』（オセアニア版官報）の過去の記事を取り寄せ、「現在の情況に合致する」ように「修正」することである。一九五六年にイギリスで製作された映画『１９８４』（日本では劇場未公開）には、「君の業務は？」と上司に確認され、ウィンストンが「歴史の〝改ざん〟です」とうっかり口を滑らせてしまうシーンがある。すかさず上司に「不適切な表現だな　スピーチや誤報の〝訂正〟だろ？」とたしなめられる。

「《タイムズ》のどの号にしろ、必要であるということになった訂正文が全部集められて照合されると、ただちにその号が再発行され、元の号は廃棄処分となる。そしてその代わりに訂正版がファイルに綴じられるのである。この間断ない改変作業の対象は新聞だけに留まらない。それは、書籍、定期刊行物、パンフレット、ポスター、ちらし、映画、サウンドトラック、漫画、写真類から、政治的な或いはイデオロギー上の意味を含んでいるかもしれないと危惧されるあらゆる種類の文献、文書にまで及んでいた。日ごとに、そして分刻みといった具合で、過去は現在の情況に合致するように変えられる。このようにして、党の発表した予言は例外なく文書記録によって正しかったことが示され得るのであり、また、どんな報道記事も論説も、現下の必要と矛盾する場合には、記録に残されることは決して許されない」（オーウェル 二〇〇九：六四）。

破棄すべきだと判断された書類はただちに、執務机の横にある「記憶穴」（映画では「気化装置」）に投げ込まれ、焼却される。とはいえ、廃棄処分と決まった文書類はもちろん真理省の外にも多く存在する。記録局で最大の職員を擁する部門は、これらを余すところなく網羅的に回収するためのものだ。ウィンストンのような〝訂正〟担当の職員と〝訂正〟前の記録の回収を担う職員のおかげで、オセアニアの歴史は自在に修正される。記録は記憶を裏切り、嘘は「都合のよい真実」になる。

この点を総括した『一九八四年』における次の記述は、今日においてもきわめて示唆的である。

「他の誰もが党の押し付ける嘘を受け入れることになれば——すべての記録が同じ作り話を記すことになれば——その嘘は歴史へと移行し、真実になってしまう。党のスローガンは言う、〝過去をコントロールするものは未来をコントロールし、現在をコントロールするものは過去をコントロールする〟と」(同：五六)。

第2節　記憶を裏切った参院安保特別委の会議録

強行採決前後の一二分間

二〇一五年九月一七日の参議院我が国及び国際社会の平和安全法制に関する特別委員会(以下、参院安保特別委)で、平和安全整備法案と国際平和支援法案(以下、安保関連法案)の採決が行われた。当時の議事進行を時系列で確認しておく。

一六時二八分　鴻池祥肇参院安保特別委・委員長の不信任動議が採決され賛成少数で否決される。安倍首相、岸田外相、中谷防衛相が委員会室に入る。鴻池委員長が委員長席に復席する。

一六時二九分　多数の野党議員が委員長席に殺到する。それを阻止する与党議員ともみ合う状況に。

一六時三〇分　与党議員がつくる「人間かまくら」に守られる中、鴻池委員長が法案の読み上げを始める。首相は退席。その後、委員会室が騒然とした状況下で、起立「採決」が強行される。中継するＮＨＫは「鴻池委員長の発言などはまったく聞き取れない状況になっています」と伝える。

一六時四〇分　鴻池委員長が委員会室から退席する。記者団からの採決の有無を尋ねられて、「採決しました。全部可決」と答える。

二〇一五年九月一八日付『朝日新聞』などを参照に作成。

参議院規則五六条には、「委員会においては、その会議録を作成する」と定められている。また、同一五六条は「会議録には、速記法によつて、すべての議事を記載しなければならない」としている。上記の一二分間はどのように記録されたのだろうか。翌日の九月一八日に議員に配布された未定稿は、次のようになっていた。

我が国及び国際社会の平和安全法制に関する特別委員長鴻池祥肇君不信任の動議に賛成の方の起立を願います。

〔賛成者起立〕

○理事（佐藤正久君）　起立少数と認めます。よって、本動議は賛成少数により否決されました。

鴻池委員長の復席を願います。

速記を止めてください。

〔速記中止〕

〔理事佐藤正久君退席、委員長着席〕

○委員長（鴻池祥肇君）……（発言する者多く、議場騒然、聴取不能）

〔委員長退席〕

午後四時三十六分

速記者が聞き取れなかったのは当然であり、これが正しい記録であろう。映像をみた私たちの記憶とも一致する。ところが、一〇月一一日に参議院のホームページに公開された会議録では、その後に次の加筆がなされている。

本日の本委員会における委員長（鴻池祥肇君）復席の後の議事経過は、次のとおりである。

速記を開始し、（略）

右両案〔安保関連法案〕の質疑を終局した後、いずれも可決すべきものと決定した。

なお、両案について附帯決議を行った。

そして、これが「第百八十九回国会　参議院我が国及び国際社会の平和安全法制に関する特別委員会会議録第二十一号（その一）」の二〇頁に登載されたのである。記憶にないことが記録として後世に残されることになった。参議院にもウィンストン・スミスがいたのだ。

「なお書き」にある附帯決議については、映像ではまったく認識できない。その前日の九月一六日に安倍晋三首相・自民党総裁、山口那津男公明党代表、松田公太日本元気にする会代表、中山恭子次世代の党代表、および荒井広幸新党改革代表が「平和安全法制についての合意書」に署名した。これをあのどさくさの中、山田太郎参院議員（日本元気にする会）が五党を代表して読み上げたのだというのだ。山田が自身のホームページ（http://blogos.com/article/134666/）にもみくちゃにされた合意書の写真とともに明らかにしている。

無視されたデュープロセス（1）

適正な手続きを踏むことは会議体として意思決定を行う場合、最も重要な遵守事項である。形式主義と批判されようとも、恣意的な会議運営を抑止するためにデュープロセスは尊重されなければならない。国会では国会法を頂点に、各院それぞれに議院規則が制定され、加えて衆議院では衆議院先例集および衆議院委員会先例集が、参議院では参議院先例録および参議院委員会先例録がつくられている。これらによって、国会におけるデュープロセスは厳格に担保されてきた。

参議院委員会先例録には、「三〇〇　委員会会議録に掲載する事項に関する例」（http://www.sangiin.go.jp/japanese/aramashi/houki/pdf/h25i-senreiroku.pdf　以下、先例録引用の典拠は同じ）がある。それによれば、「委員会会議録には、速記法によって記載するもののほか、次の事項を掲載する」とある。「次の事項」には一一項目が掲げられているが、会議の日時や出席者の氏名などすべて形式的な事柄である。委員会での審議内容については「速記法によって記載する」以外は認められない。上記加筆部分は速記法によらない記載であり、先例録に反している。

また、参議院規則一五八条は、「発言した議員は、会議録配布の翌日の午後五時までに発言の訂正を求めることができる。但し、訂正は字句に限るものとし、発言の趣旨を変更することができない」としている。前述のとおり九月一七日の会議録が配布されたのは九月一八日である。九月一九日午後五時までしか訂正はできないはずである。にもかかわらず、一〇月一一日に新たな文言が追加された。しかもその訂正は「字句に限る」レベルでは到底ない。

二〇一五年一〇月一四日付『朝日新聞』は、「参院事務局によると、鴻池氏の判断で、最終的に「可決すべきものと決定した」との文言が議事録に追加されたという」と報じた。鴻池の指示で、参院事務局のウィンストンが意に沿わぬ仕事をさせられたのだ。

参院安保特別委員会の理事を務めた民主党の福山哲郎参院議員は、自身のホームページ上の「テツロー日記」二〇一五年一〇月一四日付で書いている。「通常国会が閉会し、すでに特別委員会は存在していません。委員長や参院事務局の判断で勝手に追記することができるというのであれば、委員長は何でもできるということになります」(http://www.fukuyama.gr.jp/diary/)。

無視されたデュープロセス(2)

参院安保特別委は二〇一五年九月一六日に横浜で地方公聴会を開催した。国会法五一条一項および参議院規則六〇条は公聴会の開催を定めている。一方、地方公聴会はこれらを根拠に開かれるものではなく、議員派遣の一つとして位置づけられている。

参議院委員会先例録に「二七七　委員を派遣するには、委員派遣承認要求書を議長に提出する」がある。さらに、「委員会は、議長の承認を得て、審査又は調査のため委員を派遣することができる定めである」と続く。これが地方公聴会の開催根拠になっている。

同先例録「二八〇　派遣委員は、調査の結果について報告する」には、「派遣委員は、その調査の結果について、口頭又は文書をもって委員会に報告する」と決められている。すなわち、参院議長の承認を得て、参院安保特別委から横浜での地方公聴会に派遣された委員は、委員会にその報告をしなければならない。これをもって、地方公聴会の内容が会議録にとどめられるのがデュープロセスであり、記憶が記録化される。

しかし、地方公聴会の翌日の参院安保特別委ではその報告はなされなかった。先例二八〇違反である。同委員会の理事として地方公聴会にも出席した前出の福山参院議員はこう憤る。

「報告がなされなければ、地方公聴会の議事録は日の目を見ず、議事録自体が闇に葬られてしまう。（略）採決の前提となる要件に明らかに瑕疵があると言わざるを得ない。前代未聞であり、憲政史上に大きな汚点を残すことになる（与党側からは、超法規的に議事録に添付する動きもあるが、到底認められるものではない）」（福山 二〇一五：六五）。

実際には、福山が懸念した「超法規的」措置がとられることになる。九月一七日の会議録では上記加筆部分に続いて次の記述がある。

〔参照〕
横浜地方公聴会速記録
〔本号（その二）に掲載〕

そして、「第百八十九回国会　参議院我が国及び国際社会の平和安全法制に関する特別委員会会議録第二十一号（その二）」として、二〇頁に及ぶ横浜地方公聴会速記録が「添付」されたのである。「〔本号（その二）参照〕」と冒頭に記されている。この「参照」措置を正当化する先例上の根拠はない。会議録には各国会会期ごとに委員会の開会順に第一号から順次号数が付けられる。「第二十一号」とは、第一八九回国会における参院安保特別委の二一回目の会議の記録であることを示している。ただ、その号数のあとに（その一）（その二）と付くことはほかの号にはない。他の参院委員会の会議録をランダムにあたってみたが、そのように表記されている号はなかった。いかに苦し紛れの事の収め方だったかがよくわかる。

第3節　記憶を記録しなかった内閣法制局

二〇一四年七月一日の歴史的閣議決定

政府は戦後一貫して集団的自衛権の行使を認めてこなかった。政府の法律顧問である内閣法制局は自衛隊を合憲とする一方で、その海外での武力行使は憲法が禁じているとの立場を堅持してきた。

政府のこの憲法解釈に疑問を抱き、現行憲法の下でも集団的自衛権の行使は可能だと確信する安倍首相は、強引な手法で解釈変更に着手していった。

内閣法制局設置法二条は「内閣法制局の長は、内閣法制局長官とし、内閣が任命する」と定める。すなわち、首相がだれを長官に任命しようと法的には問題がない。しかし、慣例的に長官には、筆頭部長である第一部長からナンバー二の内閣法制次長を経た内部昇格者が例外なく就いてきた。

工藤敦夫元内閣法制局長官によれば、第一部長は国会では長官見習いとして長官と行動をともにし、役所では過去の資料を徹底的に読み込んで「覚えるわけですよ。で、必要ならば、メモをする。要するに、それは自分にすぐに役に立つのと同時に、次長や長官になった時に役に立つわけなんですね」（工藤 二〇〇五：三三〇）。次いで次長になると、内閣法制局の各部が審査した法案や政令案に「全部目を通す」（同三三五）。

これらの「修行」により政府の憲法解釈を熟知したプロが長官に就くことで、「法の番人」に恥じない安定的な国会答弁が「品質保証」されてきたのである。

ところが、安倍首相はこの人事慣行を無視して、内閣法制局に勤務経験のない小松一郎駐仏大使を、最高裁判事へ転出する山本庸幸内閣法制局長官の後任に据えたのである。二〇一三年八月八日のことである。首相の意図は明らかだった。

小松長官は病躯を押して職務に専心し、内閣法制局幹部と「頭の体操」（二〇一四年三月一三日・参院外交防衛委員会における小松長官答弁）を繰り返して解釈変更への地ならしを果たしていく。病状が悪化する中、その目途がついたとして、安全保障の法的基盤の再構築に関する懇談会（以下、安保法制懇）が報告書を出したのを機に二〇一四年五月一六日に退任する。後任には横畠裕介内閣法制次長が昇格した。そして、翌月二三日に小松は不帰の人となる。

それからほぼ一週間後の七月一日、安倍内閣は歴史的な閣議決定を行う。「国の存立を全うし、国民を守るための切れ目のない安全保障法制の整備について」である。それは「我が国を取り巻く安全保障環境が根本的に変容し、変化し続けている状況を踏まえれば、今後他国に対して発生する武力攻撃であったとしても、その目的、規模、態様等によっては、我が国の存立を脅かすことも現実に起こり得る」として、きわめて限定的ではありながら集団的自衛権の行使を可能とした。

いわく「我が国と密接な関係にある他国に対する武力攻撃が発生し、これにより我が国の存立が脅かされ、国民の生命、自由及び幸福追求の権利が根底から覆される明白な危険がある場合」には、海外での「必要最小限度」の武力行使を可能とした。これは「国際法上は、集団的自衛権が根拠となる場合がある」。この閣議決定の本文は六八六二字にも及ぶが、「集団的自衛権」という言葉が出てくるのはわずか二か所しかない。

内閣法制局内での「頭の体操」

解釈変更の意思を持つ小松長官を迎えた内閣法制局の内部で、いかなる「頭の体操」がなされたのか。どのような議論のやりとりの後「六十年間、風雪に耐え、磨き上げられてきた相当に厳しい解釈」（阪田雅裕元内閣法制局長官）を変更するに至ったのか。これを記録に残しておくことは、まさに「同じ失敗を予防するために欠かせな」い作業であろう。

二〇一四年四月六日付『日本経済新聞』によれば、小松が着任してから内閣法制局内では、解釈変更をにらんだ「頭の体操」をする対策チームが置かれたという。内閣法制局には四つの部と長官総務室があり、これを四部一室体制とよぶ。四つの部は意見部である第一部と審査部である第二～四部の二つに分かれる。各省庁が立案する法案、政令案および国会承認条約を審査するのが審査部である一方、各省庁からの法令解釈をめぐる照会について意見を述べるのが意見部である。憲法解釈も意見部、すなわち第一部が担っている。

その第一部に所属する参事官など六人がチームとなって、集団的自衛権の行使を認めた場合に過去の国会答弁といかに論理矛盾なく収めるかを主要課題にして検討が重ねられた。先の日経の記事は、「今まで『できない』と言っていたことを『できる』と180度方向転換するのは容易ではない」とこぼした幹部の一人の呻きを伝えている。

ただ、二〇一五年六月一〇日の衆議院我が国及び国際社会の平和安全法制に関する特別委員会で、横畠長官は維新の党の高井崇志議員から「〔内閣法制局内で解釈変更に〕反対する意見というのはなかったんでしょうか」と質された。横畠は「反対する意見はありません」と言い切っている。

ちなみに、内閣法制局参事官とは上記の意見事務および審査事務において中心的な役割を果たす職員である。各部に六～八人ずつ配置されている。部長も参事官である。彼らは課長級に位置づけられ、全員が他省庁からの出向者である。裁判官が検事に転官して、検事併任という形式で勤務する参事官も三人いる。第一部には部長を含めて六人の参事官がおり、うち一人は元裁判官である。参事官を補佐するのが事務官であるが、第一部にだけは参事官補というポストもある。

とまれ、第一部の中で内閣法制局の存在理由をかけた慎重な議論が展開されたに違いない。

二〇一五年九月二八日付『毎日新聞』のスクープ

ところが、二〇一五年九月二八日付『毎日新聞』は一面トップで、「政府が昨年7月1日に閣議決定した集団的自衛権の行使容認に必要な憲法9条の解釈変更について、内閣法制局が内部での検討過程を公文書として残していないことが分かった」と報じた。さらに、閣議決定前日の六月三〇日に内閣官房国家安全保障局から閣議決定案文を受け取り、翌日には「意見はない」と担当参事官が電話で回答したというのだ。

毎日の取材に応じた富岡秀男総務課長は、「必要に応じて記録を残す場合もあれば、ない場合もある。今回は必要なかったということ。意図的に記録しなかったわけではない」と述べている。憲法解釈の「180度方向転換」を行ったにもかかわらず、その過程を記録に残す必要がないと判断されたとすれば、内閣法制局におけるその「集合的無意識」は理解に苦しむ。これでは、「反対はなかった」とする上記の横畠答弁を担保できない。説明責任の根拠が損なわれる。それどころか、後世による検証を不可能にするという点で、歴史の利益に反する。

その点を意識して、二〇一一年四月に施行された公文書等の管理に関する法律（以下、公文書管理法）四条は、次のように命じている。

「行政機関の職員は（略）当該行政機関における経緯を含めた意思決定に至る過程並びに当該行政機関の事務及び事業の実績を合理的に跡付け、又は検証することができるよう、処理に係る事案が軽微なものである場合を除き、次に掲げる事項その他の事項について、文書を作成しなければならない。

一　法令の制定又は改廃及びその経緯

二　前号に定めるもののほか、閣議、関係行政機関の長で構成される会議又は省議（略）の決定又は了解及びその経緯」

今回の事態はこの条文に違反するのではないか。富岡総務課長は「法〔公文書管理法〕にのっとって文書は適正に作成・管理し、不十分との指摘は当たらない」としている（同日付『毎日新聞』）。そうすると、憲法解釈の変更にあたって、内閣法制局は「意思決定」にかかわる作業をしなかったか、関与したとしてもそれは「軽微な事案」とみなしたかのどちらかだと解さざるをえない。ちなみに、総務課は長官総務室の下に置かれているので、富岡は実際の検討作業には加わっていないはずであり、参事官でもない。

毎日のこのスクープを、共同通信と時事通信は九月二八日付配信記事で、東京新聞と日本経済新聞は翌二九日付記事で後追いした。産経新聞と読売新聞が無視したのは当然かもしれないが、朝日新聞が一切取り上げないのはなぜか、私には解せなかった。

黒川参事官登場

毎日新聞はその後も取材を続け、くだんの閣議決定文の内閣法制局における決済の起案者である黒川淳一第一部参事官（取材時には農水省官房参事官）にインタビューした。一〇月一六日付同紙がそれを伝えている。

記者と黒川のやりとりのうち、これまでの記述と関連するものを列挙しよう。


（記者）閣議決定案文に「意見はない」と答えた時の経緯は。

（黒川）前日に案文が来たので、次長、長官とも検討した上で、従来の憲法解釈の枠内に収まっているので問題はないだろうと判断した。

（記者）どれくらい時間をかけたのか。

（黒川）よく覚えていないが、慎重にやった記憶はある。決して検討がおざなりだったということではない。

〜〜（略）〜〜

（記者）横畠裕介長官は国会で局内に反対意見は「なかった」と答弁したが、その通りか。

（黒川）閣議決定の案文が出てきた時には、反対というのはなかった。

（記者）それまでの過程では。

（黒川）何を反対というかにもよるが、「フルセット」のような、今までの憲法理論をガラガラポンするようなことを目指すのであれば、それはできないんじゃないかという議論はあったが、それを反対意見というかどうか。閣議決定の案文が違憲にあたるという議論はなかったという意味では、

（反対は）なかったということ。

（記者）どうして検討の過程を記録に残さないのか。

（黒川）成案があって、それに意見を述べるという形ではなかったので、従来の国会答弁をおさらいするようなことが多かった。記録を取るような性質の議論では、そもそもなかった。「頭の整理」というのが正直なところだ。結局、法制局は「何をどこまでやるか」という議論をするわけではなく、ある意味受け身でしかない。「大丈夫でしょうか」という問い合わせに「その考え方なら、憲法はじめ各種の法律に基づいて、まあ大丈夫じゃないか」と言うだけなので。

〜〜（略）〜〜

（記者）公文書管理法はあまり意識しなかったのか。

（黒川）当然、意識はしていた。公文書管理法は意思決定過程をしっかり残せという趣旨だが、今回は特に我々のほうで意思を決定するという作業をしたわけではないので、特に文書を残す性格のものではなかった。ただ、今回は重要な案件なので、起案をして、うかがいを立てた形でしっかり残した。まあ、逆に「これしかないのか」となってしまうのは分かるのだが。

「法の番人」の威信にかけて従来一貫して「できない」としていたことを「できる」と変更する一大事が、これほど容易に進められてしまったのか。黒川が語る内閣法制局内での議論のありようには、「法の番人」の矜持がまったく感じられない。阪田雅裕元内閣法制局長官は、「安全保障法制の議論はこの30年間、従来の憲法解釈の範囲内で一歩ずつ進めてきたのに、今回はボコーンと行ってしまった」と表現する（二〇一五年九月二八日付『毎日新聞』）。内閣法制局設置法一条は「内閣に内閣法制局を置く」と謳う。内閣の強い意思があれば、そして人事をてこにその意思を貫こうとすれば、「法の番人」はわけもなく「内閣の番犬」に堕してしまうのか。

また、黒川は前記公文書管理法四条にある「意思決定」を内閣法制局がしていないことをもって、文書を残さなかったことを正当化している。これには後日、作家の柳田邦男が「詭弁だ」と厳しく指弾した。「憲法解釈変更は内閣の意思決定だが、新しい憲法解釈に問題がないかどうかの判断は、まさに法制局の作業であり意思決定ではないか」（二〇一五年一二月二六日付『毎日新聞』「柳田邦男の深呼吸」）。私は柳田と思いを同じくする。

標準作業手続

毎日新聞の一連の報道で、取材に飛び回ったのが東京社会部の日下部聡記者である。ちなみに、毎日新聞は二〇一六年一月一五日、この報道など三作品で、日本新聞労働組合連合による第二〇回新聞労連ジャーナリズム大賞を受賞した。

その日下部は二〇一五年一〇月七日付同紙の「記者の目」を執筆し、取材の余録を綴っている。中でも興味深いのは、「法制局には多くの文書を残さない「文化」があったようだ。「途中経過が外に出ると誤解が広がる。事案が機微なほど、記録は取らない傾向があった」と、法制局に勤務経験のある元官僚は明かす」との解説だ。

そこで私が想起したのは、政治学で著名な「アリソン・モデル」である。アメリカの国際政治学者であるグレアム・アリソン（Graham Allison: 一九四〇—）は、国際政治における政策決定を三つのモデルにまとめ、一九六二年のキューバ危機における米ソ両国の政策決定を説明した。三つのモデルとは、合理的行為者モデル、組織過程モデル、および官僚政治モデルである。

これらのうち、組織過程モデルは国家の対外政策を「標準作業手続（standard operating procedures）」から説明する。すなわち、国家は様々な政策課題に対応するため諸々の組織を内部に設置する。各組織は「標準作業手続」をつくり出して、それに準拠して担当する問題に対処していく。従って、「組織的活動の顕著な特徴は、それがプログラム化されていること、すなわち、いかなる場合でも組織の行動は既定のルーティン通りに実施されたものであるということである」（アリソン 一九七七：九六）。

このモデルを用いれば、不可解にみえる組織の行動にも説明がつく。たとえば、ソ連はキューバ危機の発端となったキューバでのミサイル基地建設をまったくカムフラージュせずに進めていった。ミサイルのソ連からキューバへの輸送、陸揚げしてから建設現場への輸送は極秘に行われたにもかかわらず、である。一見すると明らかに矛盾しており、ソ連の「国益」に反する。

アリソンはこう解説する。「この作戦はソ連の極秘作戦であった。したがって、「やり方を知っていることだけをやる」という各組織の傾向は、他の組織の活動に関する情報に欠けていたこと、および作戦の全体像をとらえることが不可能であったことによってさらに強められた」（同：一二七―一二八）。ミサイル輸送の秘匿はソ連の情報機関にとって「標準作業手続」であった。だが、ミサイル基地建設は別組織である戦略ロケット班の持ち場となる。この組織にとって、キューバでの基地建設はソ連国外でのはじめての基地建設であった。そこで「まさに手引き通りに従来のやり方で作業した。（略）ソ連ではミサイル基地をカムフラージュしたことはなかった」（同：一二八―一二九）。

ソ連の「異常な行動」は、各組織の「標準作業手続」に原因を求めることができる、というわけだ。基地建設を担当した部署は「標準作業手続」に忠実にのっとって行動したにすぎない。基地建設が露見してしまうという「国益」上の不利益には、現場の担当者の想像力は及ぶべくもなかった。

前近代的な行政文化

内閣法制局が文書を残さなかったのも、同局内の「標準作業手続」にも似た「文化」に従っただけなのだろう。作業に当たった参事官たちは、この不作為が歴史の利益に反するとは考えない「集合的無意識」を共有していた。言い換えれば、「由らしむべし知らしむべからず」の行政文化である。

これは前近代的とみなさざるを得ない。

ドイツの社会学者マックス・ウェーバーは、官僚制組織の性質を八点にまとめている。その一つが「文書主義の原則」である。「予備的な討論や最終的な決定、あらゆる種類の処分や指令は、文書の形で固定される」（ウェーバー 一九七〇：一六／傍点は訳文のまま）。そして、沖縄国際大学教授の佐藤学はこう指摘する。

「公文書作成は法律の義務づけがあるだけでなく、文書主義は近代官僚制の原理でもある。／沖縄返還交渉の過程で「核持ち込み密約」が交わされた記録文書が、米国側から発掘されていたのに対し、日本政府は長年、記録が無いとして密約の存在を否定し続けた。この主張が虚偽であることが最終的に証明されたのは、民主党政権による検証で、文書が佐藤栄作元首相の遺族の家から発見されたためであった。沖縄の命運を決めた文書が私的に保管されるという、日本の前近代的な非文書主義の実態を露呈した」（二〇一五年一〇月二四日付『毎日新聞』「メディア時評」）。

内閣法制局に限らず、霞が関全体が非文書主義という前近代的な行政文化に毒されている。毎日のスクープが霞が関の意識改革につながることを願うばかりだ。

二〇一六年一月六日に、市民団体「「秘密保護法」廃止へ！実行委員会」は「12・6を忘れない6日行動」の一環として、内閣法制局に抗議の声明文を持参して申し入れを行った。同委員会の二〇一五年一二月二五日付声明「憲法解釈変更による集団的自衛権行使のための閣議決定案文の審査に際し、内閣法制局が審査過程の記録を残さなかったことに対して抗議する。」には、「記録を残す必要がないという説明には全く説得力がない。（略）内閣法制局の対応が、公文書管理法に違反すると判断せざるを得ない」などとある。内閣法制局側で応対した礒岡章子総務課専門官と約一時間やりとりがあったが、礒岡は「法律に違反したという認識はない」などと答えるのみだったという（http://www.himituho.com/）。

礒岡は参事官や幹部ではないので、公式見解を繰り返すのみでやりとりが「かみ合わない場面が目立った」のはやむを得まい。ただ、内閣法制局に対して市民団体が抗議活動を行ったのは、これがおそらくはじめてのことだ。その意味は小さくない。

毎日報道を後追いしなかった『朝日新聞』の「見識」

二〇一五年一一月二四日付『朝日新聞』は、一面トップで「集団的自衛権の憲法解釈変更　法制局　協議文書残さず」と大々的に報じた。二か月前の毎日のスクープを読んだ私にとっては「既視感」を強く抱いた。そのリード文を引用する。

「集団的自衛権を行使できるようにした昨年7月の憲法9条の解釈変更について、内閣法制局が内部での協議の過程を文書に残していないことが、朝日新聞が行った情報公開請求で明らかになった。日本の安全保障政策を転換させる歴史的な憲法解釈の変更だったが、当事者である法制局内の議論が外部から検証できないことになる」。

好意的に解釈すれば、毎日報道を安易に後追いせず、情報公開請求を独自に行って緻密に裏を取った、ということになろう。記事には「蔵前勝久」と署名がある。同紙は「検証　集団的自衛権」と題した調査報道記事を、「内閣法制局編」として二〇一四年一〇月二八日から一一月九日まで一一回（「番外」二回を含む）、「閣議決定攻防編」として、二〇一五年二月一七日から三月二六日まで二七回にわたって連載した。蔵前はこの長期連載記事の主要担当記者である。それは集団的自衛権の行使容認への解釈変更に至る「政」と「官」のせめぎあいを、当事者への綿密な「オンレコ」取材をとおして忠実に再現してみせた。そして、書籍にもなり（朝日新聞政治部取材班［二〇一五］）、「新聞メディアの調査手法を十分に活用した良質なドキュメンタリーである」と高く評価された（井上二〇一五：五六）。

なので、毎日の報道に振り回されず、慎重に情報公開請求を行ってその結果を受けての、社として満を持しての記事だったと判断できる。その証拠に、同日付三面にはやはり「蔵前勝久」と署名が入った解説記事を載せ、翌一一月二五日の「天声人語」と社説でも麗々しく取り上げられた。二七日の投書欄「声」には、その記事に関する投書が二通も掲載された。反響の大きさを誇っているかのようにみえる。

朝日しか読んでいない人からみれば、「さすが天下の大朝日だ」と受け止めるかもしれない。しかし私には、「毎日のスクープから二か月も経って、なにをいまさら仰々しく」と批判したい気持ちを禁じ得ない。「一部ですでに報じられたように」の一言を加えられなかったのか。

ただ、二四日付三面の解説記事では、毎日報道にはない貴重な情報を知ることができる。

「昨年末、法案作成のため、外務省や防衛省の担当官僚が法制局を訪れたが、応対した法制局参事官は「この条文が合憲と言えるのか、横畠長官でないと分からない」と繰り返したという。防衛省官僚は「かつて参事官は『合憲だ』『違憲だ』と自信満々だったが、法制局の人たちから当事者性がなくなっていた」と話す。／ある法制局参事官は「『解釈変更の経緯を知らないので私では判断できない』と答えたことがある」と認める」。

事実とすれば、小松駐仏大使を長官に就ける「中立的な制度慣行をあえて無視した政治任用」（中野二〇一五：一六〇―一六二）がなされて以降、内閣法制局は大きく変質し、その権威は失墜したと考えざるを得ない。

むすびにかえて――浸潤する「いやな感じ」

現代の「黒塗り」

地方議会対策として首長が用いる政治戦略に、「予期反応」（Anticipated Reaction）とよばれるものがある。首長は議会を穏便に乗り切りたい。そこで、たとえば首長は予算案を議会に提出するのに先だって、議員にそれを非公式に内示する。そして議員の意向をできるだけ予算案に取り入れて、議会での議員の「不規則行動」を未然に防ごうとする。

悪い結果を予期して行動し、それを回避するための反応は地方議会に限らない。われわれは人間

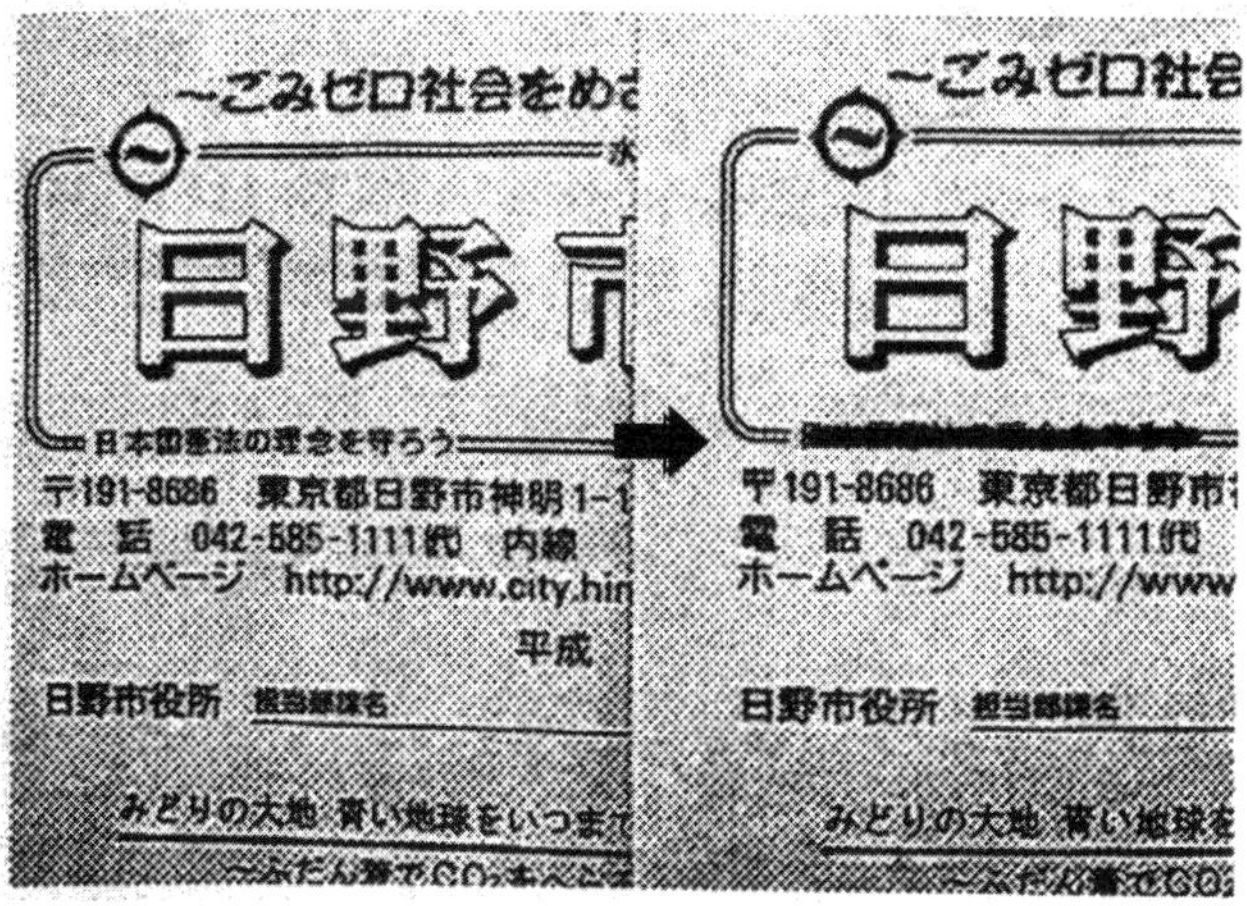

2015 年 10 月 31 日付『毎日新聞』（矢印は筆者が加えたもの）

関係を円滑に運ぶ知恵として、意識の有無にかかわらず「予期反応」で動いてしまうことがままある。「空気を読む」のである。東京都日野市の公用封筒が黒塗りされた件もこれに当たろう。

「市によると問題の封筒は２０１１年までに作られた旧型で、今は保持していない環境基準ＩＳＯ１４０００の文字が最上部にある。同市緑と清流課の課長は今年2月、課で使う分について「文字を消すように」と職員に指示。消す場所ははっきり伝えなかった。／13年に作られた新型の公用封筒では「日本国憲法の理念を〜」の言葉がなくなっていたため、職員は、旧型封筒の憲法部分を消せばよいと勘違い。約１２００枚をペンで塗りつぶし、このうち約７００枚が市民への書類送付などに使われた。（略）なぜ新型封筒では憲法部分が削られたのか。市は「デザインをシンプルにするため」としている」（二〇一五年一〇月三一日付『毎日新聞』）。

勘違いした職員は時代の空気を読んで、憲法部分を消す「予期反応」をしたのであろう。新型封筒に憲法部分がなくなったのも、実は同様の反応なのではないか。二〇一四年六月には「梅雨空に「九条守れ」の女性デモ」と詠んだ俳句について、さいたま市の公民館が月報への掲載を拒否する事件があった。二〇一五年一〇月には立教大学が安保法反対のシンポジウムに会場の貸し出しを拒否した。一方、放送ジャーナリズムの現場では、二〇一六年三月末をもっていくつかの人気ニュース番組で看板キャスターが交代した。

これらも「予期反応」から説明できよう。「新右派連合」（中野 二〇一五：一八）が言説を支配し、それへの「予期反応」が次第に人々を萎縮させていく「いやな感じ」が浸潤しつつある。

不可逆の選択をした安倍政権

「憲法は、主権者である国民が政府・国会の権限を制限するための法であるという性格をもち、その解釈が、政治的恣意によって安易に変更されることは、国民主権の基本原則の観点から許されない」（中北浩爾「民主主義、次のビジョンへ」二〇一五年一〇月二九日付『朝日新聞』）。

この正論を吐いたのは自民党である。鳩山由紀夫政権の時代に、民主党は内閣法制局長官を政府特別補佐人からはずす内容を含んだ国会改革法案を議員立法として提出した。二〇一〇年五月一四日のことである。旗振り役は小沢一郎・民主党幹事長だった。政府特別補佐人の資格を失えば、内閣法制局長官は国会答弁が法的にできなくなる。憲法解釈でも「政治主導」を図ろうとした。

同法案が提出される前の二〇一〇年一月召集の通常国会から、政権は内閣法制局長官を国会に出席させてこなかった。小沢はこれを法的に確定させようとしたのである。すでに小沢は、民主党幹事長だった二〇〇九年一〇月七日に内閣法制局長官の国会答弁禁止を表明していた。これに対して、政権内には「政治家が憲法解釈を行えば、政府見解が度々変更される可能性がある。一貫性を保とうとすれば、法解釈は結局、官僚に頼らざるを得ない」と懸念する声もあった（二〇〇九年一〇月八日付『読売新聞』）。

同様に正しい批判をした野党・自民党も政権に復帰すると、閣議決定という名のまさしく「政治的恣意によって」憲法解釈を変更した。それに基づき、安保法が制定された。

二〇一五年一二月二〇日、「安保法制の廃止と立憲主義の回復を求める市民連合」が設立された。その運動の発展と拡大を念じてやまない。ただ、その結果安保法制の廃止を掲げる政権が誕生したとしよう。その政権は安保法制を廃止する法案を成立させ、その根拠となった二〇一四年の閣議決定を撤回する閣議決定を行うはずである。しかし、二〇一四年の閣議決定案文に対して「意見はない」と回答した内閣法制局が、それを全否定する閣議決定にも同じ回答をするのは論理的に矛盾する。安保法制における集団的自衛権の行使についても、横畠内閣法制局長官は「これまでの憲法解釈と整合し、九条の下で許容されると解している」と国会答弁している（二〇一五年六月一〇日付『朝日新聞』）。それを憲法違反だとして廃止する法案を内閣法制局は審査で通すであろうか。もし通すなら、自己否定のようなものだ。

そこで、その政権がとりうる選択は、安倍政権が行ったように、政権の意を体した長官を外部から送り入れることであろう。そして再び「頭の体操」を行って解釈を元に戻す。とはいえ、いつまた安倍政権のような政権が誕生しないとも限らない。するとまた同じことをする。内閣法制局の「政治化」である。これに道を開いた点で、安倍政権は不可逆の選択をしてしまった。

記録にこだわった「暗愚の宰相」鈴木善幸

鈴木善幸元首相といえば、「暗愚の宰相」というイメージがすぐに浮かぶ。一九八〇年に大平正芳首相が急死したあと、自民党内の「和」を取り戻すという党内論理だけで、首相の座に祭り上げられた。ただ、その回顧録には、鈴木が記録を残すことの重要性を熟知していた誠実な首相だったことを示す首相秘書官の証言が紹介されている。

「なぜ鈴木元総理は「棒読み総理」などと誤解されたのだろうか。尾崎氏〔当時の首相秘書官〕は「私たちは、そうじゃない、との思いで歯ぎしりしたが、善幸さんはいつも笑って『いいんだよ、いいんだよ。本会議はいわば儀式だから、後できちっと読めるようにして置くことが大切なんだよ。特に本会議での答弁は議事録に残るものだからね』と常に泰然としていました」（東根 二〇〇四：三五七）。

しかも鈴木は尾崎らが作成した答弁原稿に丁寧に赤入れしていた。尾崎によれば、「決して秘書官が書いた原稿を棒読みしていたのではない」とのことだ（同）。インタビュアーの東根はこれらの証言を受けて、「今の人気保持より、五十年、百年後の未来世代に理解してもらう方が大切という鈴木元総理の思いの一端がにじむ」とまとめている（同：三五八）。

派手なパフォーマンスで記憶されるのではなく、後世の評価に資するよう人知れず記録することに力を入れた鈴木の政治姿勢に、私は深い感銘を受けた。「いやな感じ」を忘れさせる一服の清涼剤のようである。

〈注〉

本稿は二〇一五年一一月一四日の「安保法の廃棄を求める千代田4大学共同講演会」での拙報告「記憶を記録しない「真理省」的状況を憂える」、および同年一一月二八日の現代史研究会・ちきゅう座共催シンポジウム「「安保法＝戦争法」の採決は正当に行われたのか？　メディア報道の在り方を問う」での拙報告「記憶を記録しない「真理省」的状況を憂える ver.2」に基づくものである。『法と民主主義』二〇一六年四月号掲載の下記拙稿にも、一部に本稿と重複・類似する記述がある。

〈引用・参照文献〉

浅野一郎・河野久編著（二〇一四）『新・国会事典　第三版』有斐閣。
朝日新聞政治部取材班（二〇一五）『安倍政権の裏の顔』講談社。
アリソン、グレアム、（宮里政玄訳）（一九七七）『決定の本質』中央公論社。
井上寿一（二〇一五）「〔書評〕歴史書の棚　新聞の調査報道が暴いた集団的自衛権決定の内幕」『エコノミスト』二〇一五年一〇月二七日号。

ウェーバー、マックス、（世良晃太郎訳）（一九七〇）『支配の諸類型』創文社。

オーウェル、ジョージ、（高橋和久訳）（二〇〇九）『一九八四年』ハヤカワ*epi*文庫。

工藤敦夫（二〇〇五）『工藤敦夫オーラル・ヒストリー』政策研究大学院大学。

国会会議録検索システム（http://kokkai.ndl.go.jp/）。

阪田雅裕編著（二〇一三）『政府の憲法解釈』有斐閣。

佐藤優（二〇一五）『官僚階級論』モナド新書。

中野晃一（二〇一五）『右傾化する日本政治』岩波新書。

中邨章（二〇一六）『地方議会人の挑戦』ぎょうせい。

西川伸一（二〇一六）「アベの政治手法を問う」『法と民主主義』二〇一六年四月号。

パク・ヨンミ、（満園真木訳）（二〇一五）『生きるための選択』辰巳出版。

東根千万億（二〇〇四）『等しからざるを憂える。元首相鈴木善幸回顧録』岩手日報社。

福山哲郎（二〇一五）「強行「採決」」『世界』二〇一五年一一月号。

藤井一行（一九九〇）『レーニン「遺書」物語』教育史料出版。

第3章 「アベノ人事」を検証する
——異例の人事はこうして行われた

はじめに

「慣例のみに従って人事はやるべきではない。私は当たり前のことをやっているんです」(二〇一七年二月二七日付『朝日新聞』)——二〇一二年一二月の第二次安倍晋三内閣発足以来、内閣官房長官をずっと務めている菅義偉はこのように述べる。菅は官房長官在職日数一位を更新中である。

一方、二〇一七年三月五日に開催された自民党の党大会で、党則と総裁公選規程の一部が改正された。総裁任期を現行の「連続二期六年」から「連続三期九年」に改めたのである。現在二期目の安倍総裁は二〇一八年九月に任期満了を迎える。ここで三選されれば二〇二一年九月までが任期となる。すると、首相在職日数として安倍が佐藤栄作の二七九八日、さらには桂太郎の二八八六日を抜いて、歴代一位になることが現実味を帯びてくる。(校正時の追記・二〇一七年七月の都議選での自民党大敗、それ以降の内閣支持率急落で、その「現実味」は一転薄まりつつある)。

この長期政権を性格づける大きな特徴は、上記の菅の言葉に集約されている。内閣に担保された人事権を慣例にとらわれずに行使することで、行政各部はもとより司法部までも「アベ・カラー」に染め上げようとしている。本稿では、安倍政権による「アベノ人事」を個々に検証することで、その異形ぶりを明らかにしたい。

第1節 「アベノ人事」の挫折―第一次安倍内閣期の人事

的場順三事務副長官の機能不全

安倍政権による慣例に縛られない人事の断行は、実は第一次内閣時代にその萌芽がみられた。

内閣官房副長官は三名いる。二名が政務副長官とよばれ、衆院議員と参院議員から一名ずつ起用される。残る一名が事務副長官で「官僚首座」とも称されている。旧自治省、旧厚生省の事務次官、あるいは警察庁長官といった旧内務省系官庁のトップ経験者が就くのが慣例であった。たとえば、第一次田中角栄内閣と第二次田中内閣の事務副長官は元警察庁長官の後藤田正晴だった。元自治事務次官の石原信雄は竹下登内閣から村山富市内閣の途中まで七年四か月間、事務副長官の任にあった。後任は元厚生事務次官の古川貞二郎で、彼は第一次小泉純一郎内閣第一次改造内閣まで務め上げた。それは八年七か月に及び、現在まで最長の在職期間である。

古川の後任は元自治事務次官の二橋正弘であった。古川は「有能で人間的にも信頼できる」（古

川　二〇〇五年　三頁）として、二橋に後事を託した。ところが、二橋は小泉の退陣とともに退任した。三年の在職期間は古川、石原、その前任である藤森昭一元環境庁事務次官（旧厚生省出身）の五年と比べても異例の短さであった。二橋は事実上更迭されたのである。

小泉の後を継いだ安倍首相は、二橋に代わって元大蔵官僚で当時は大和総研理事長を務めていた七二歳の的場順三を事務副長官に起用した。上述のとおり、旧大蔵省出身者が事務副長官に就くことはなかった。その理由を後藤田は次のように述べている。

「大蔵省も考えられますが、これは各省が嫌うんです。総合調整というのは人事と企画と予算でやるんですね。いちばん効いているのは予算による総合調整です。それを大蔵省にやられているわけです。そこにもってきて、人事に関与してくる官房副長官を大蔵省にやられると息がつけないということですよ」（後藤田　一九九八年　二八四頁）。

的場副長官の誕生によって、霞が関には激震が走った。ある経済官僚の言葉が報じられている。「官僚に官邸主導で行くというメッセージだ。考えを同じくし、忠誠を誓わないとこうなると。みんな震え上がっているだろう」（二〇〇六年九月二七日付『朝日新聞』）。旧大蔵官僚であることが異例であるばかりではない。的場は一九九〇年九月に国土庁事務次官を最後に退官した。その後一六年近くも霞が関を離れていた「民間人」であったのだ。

なぜ安倍は二橋を切り、的場を就けたのか。二〇〇五年一〇月に発足した第三次小泉内閣改造内閣で安倍は官房長官に抜擢された。安倍は事務副長官の二橋とは当時議論になっていた皇室典範改正などをめぐって意見が合わなかった。女性・女系天皇を認めることに積極的だった二橋に対して、安倍は慎重な立場を取っていた（同上）。片や的場は大蔵官僚時代に安倍の父・晋太郎と懇意となり、「自宅が近いこともあり、晋太郎、晋三親子とは家族ぐるみの付き合いだ」（同上「ひと」欄）。慣例を破って政治主導を印象づけようとしたが、適材というより仲良し感覚で人選されたということだろう。

そのツケを安倍はまもなく支払わされることになる。ブランクが長かった的場副長官にはよく知る現役官僚はもはやおらず、後藤田のいう総合調整に苦慮した。「十分機能していない」とたたかれることもよくあった（二〇〇七年九月二八日付『読売新聞』）。安倍の後任首相である福田康夫が的場の代わりに二橋を再起用したことは、的場さらには安倍にとってきわめて屈辱的だったはずである。

「未遂」に終わった内閣法制局長官のポリティカル・アポインティ化

第一次安倍内閣では、第二次安倍内閣以降での人事の布石となる見逃せない「未遂人事」があった。吉国一郎長官（長官在任：一九七二年七月七日～一九七六年七月九日）以降、内閣法制局長官は内閣発足あるいは内閣改造に合わせてほぼ三年から四年で交代してきた。第一次安倍内閣の発足にともない、阪田雅裕内閣法制局長官が退任し、宮崎礼壹内閣法制次長が昇格した。阪田長官の在任は二年一か月（二〇〇四年八月三一日～二〇〇六年九月二六日）にすぎなかった。

阪田は安倍が官房長官時代に、「次に首相になられることはわかっていたので、よくご理解をいただいておいた方がいい」と考えて、集団的自衛権行使をめぐる政府の憲法解釈を安倍に説明した。

安倍の反応について阪田は「それはちょっと」と言葉を濁している（二〇一三年八月九日付「朝日新聞デジタル」）。要するに、安倍は聞く耳を持たなかったということだ。その安倍に解任される前に、阪田は自ら身を引くことを選んだのである。

その阪田が退任するにあたっての強い要望が、後任に宮﨑を内部昇格させることであった。内閣法制局設置法二条は「内閣法制局の長は、内閣法制局長官とし、内閣が任命する。」と定めている。法制上は内閣が望めばだれでも就けることができるのだ。ポリティカル・アポインティ（政治任命）のポストなのである。ただ、慣例として例外なく内閣法制次長が長官に昇格してきた。

大森政輔元内閣法制局長官によれば、第一次安倍内閣発足に際して、内閣法制局長官を実質的にポリティカル・アポインティ化しようとする動きがあったという。これに対して、阪田は「政治任用でとんでもない者が外から長官に入ってくることだけは防がなければいかん、ということで、ずいぶん気を遣ったようです」（大森　二〇一五年　二四五頁）。具体的には「法制局の職務は（略）法律問題について意見を述べるという意見事務よりも、法令案・条約の審査事務のほうが量的には圧倒的に多いので、それを迅速・適正・妥当に処理するためには、審査部長、意見部長、次長として、ずっと長期間関与していた者でなければ務まらない性質のものなんだ、ということを、耳にたこができるぐらい話し続けたらしい」（同　二四五～二四六頁）。

阪田の努力が功を奏して、長官ポストのポリティカル・アポインティ化は「未遂」に終わった。すると集団的自衛権行使容認を目指す安倍首相は、内部昇格した宮﨑長官に政府解釈の変更を迫った。「宮崎《ママ》長官さえ攻め落とせば、あの問題は決着がつくんだ、というところまで行ったわけでしょう。外堀を全部埋められたんですね」（同　二四六頁）。

安倍はこの件をひそかに宮崎はじめ内閣法制局幹部に諮った。宮崎は「私は職にとどまれません」と述べ、職を賭して解釈変更を峻拒した。「他の幹部も次々と辞意を口にした」（読売新聞政治部二〇〇八年　五一～五二頁）。その一人が現在の横畠裕介内閣法制局長官である。そこで安倍は安保法制懇（「安全保障の法的基盤の再構築に関する懇談会」）を設置する迂回戦術を取らざるを得なかった。「内閣法制局潰し」（同　五二頁）がここを舞台に練られることになる。

以上検討したように、第一次安倍内閣では人事は安倍が思うように運ばなかった。慣例を無視して就けた意中の的場事務副長官は、若き首相を十分に支えることができなかった。内閣法制局長官のポリティカル・アポインティ化も阻まれた。これと連動して、宿願の憲法解釈変更も果たせなかったのである。

二〇一二年一二月に首相に返り咲いた安倍は、雪辱を期すかのように異例の人事を重ねていく。

第2節　「アベノ人事」の発動―第二次安倍内閣期の人事

当年とって七六歳の杉田和博事務副長官

まず注目すべきは、安倍が事務副長官に警察庁出身の杉田和博を起用したことである。旧内務省系という慣例には従ったようにみえるが、杉田は二〇〇四年一月に内閣危機管理監を最後に退官している。ほぼ九年ぶりの官職復帰ですでに七一歳であった。霞が関を長らく離れていた点と高齢である点で的場と共通している。第一次内閣の経験は教訓として生かされなかった。当時、各省は旧自治省経験者を最有力候補とみていた（二〇一二年一二月三一日付『日本経済新聞』）。

安倍と杉田をつなぐ線は、安倍と的場ほど強くはない。接点は安倍が第一次小泉内閣の官房副長官時代に杉田が内閣危機管理監にあったことくらいだ。両者の在任中に「九・一一」が発生し、杉田は首相官邸でその対応に追われた。その杉田については、「後藤田正晴、藤波孝生両官房長官の下で秘書官を務めたほか、内閣情報官、内閣危機管理監を務めるなど、杉田以上に官邸を知り尽くす人はいないといわれる」との高い評価がある（二〇一五年八月二七日付『産経新聞』）。

とはいえ、杉田は二〇一二年一二月二六日夜の安倍の首相就任会見の最中に倒れて、事務副長官の職務遂行に不安を抱かせた。後藤田が「『この仕事は血の小便が出るんだぞ』と語った」（古川二〇〇五年　五頁）といわれる激務である。古川は「二四時間体制」と形容し、「身体が頑健でなければ努《ママ》まらない」と述べている（同　六〜七頁）。

だが、杉田はその後四年半も留任を続けて現在に至っている。いまや七六歳である。

決まらなかった竹内行夫最高裁判事の後任

杉田の事務副長官起用とは比べものにならないくらい大きな衝撃もって受け止められたのが、

二〇一三年八月に報じられた内閣法制局長官人事である。そこに至る経緯を振り返る。

二〇一三年七月一九日に外務省出身の竹内行夫最高裁判事が定年退官した。一五人で構成される最高裁裁判官には、裁判官六：弁護士四：学識経験者五という出身枠比率があり、これが慣例化している。つまり、裁判官出身の最高裁裁判官が退官すれば、後任には同じ裁判官出身者（より具体的には八人いる高裁長官にうちのだれか）が指名・任命されることになる。学識経験者枠の中にはさらに検察官二：行政官二：学者一という割り振りがある。よって竹内の後任には行政官出身者が充てられる。

最高裁裁判官を指名・任命するのは内閣である（憲法六条二項・七九条一項）。それでも裁判官枠と弁護士枠については最高裁の意向が尊重される。「行政官と学者の場合は、内閣が直接人選しますので、最高裁は関与しません」（泉 二〇一七 一五八頁）。最高裁裁判官の定年退官日は七〇歳の誕生日の一日前である。だれがいつ定年退官するかはあらかじめ自明である。従って、事前に人選しその旨の閣議決定を行い、裁判官の空席はできるだけ避けようとするのが通常である。

この点を第二次安倍内閣発足以降の最高裁判事人事で確認しておく（表１）。

合計一二人のうち鬼丸かおると山本庸幸以外はすべて、前任者の退官日より前に後任候補者が閣議決定されている。鬼丸の場合は二〇一二年一一月一六日の衆院解散、一二月一六日の総選挙、続く一二月二六日の第二次安倍内閣発足という政治日程とちょうど重なった。ゆえに人選が滞った。一方、山本の任命をめぐってはそのような事情はなかった。だが、竹内の後任は未定のまま七月

表１　第二次安倍内閣発足以降に任命された最高裁判事の任命までの経過

	氏名（前→後）	後任者閣議決定日	前任者退官日	任命日	空席日数	出身枠
1	須藤正彦→鬼丸かおる	2013.1.18	2012.12.26	2013.2.6	41	弁護士
2	田原睦夫→木内道祥	2013.3.26	2013.4.22	2013.4.25	2	弁護士
3	竹内行夫→山本庸幸	2013.8.8	2013.7.19	2013.8.20	31	行政官
4	竹﨑博允→山﨑敏充	2014.3.7	2014.3.31	2014.4.1	0	裁判官
5	横田尤孝→池上政幸	2014.9.19	2014.10.1	2014.10.2	0	検察官
6	白木　勇→大谷直人	2015.1.23	2015.2.14	2015.2.27	12	裁判官
7	金築誠志→小池　裕	2015.3.3	2015.3.31	2015.4.2	1	裁判官
8	山浦善樹→木沢克之	2016.6.17	2016.7.3	2016.7.19	15	弁護士
9	千葉勝美→菅野博之	2016.7.26	2016.8.24	2016.9.5	12	裁判官
10	櫻井龍子→山口　厚	2017.1.13	2017.1.15	2017.2.6	21	弁護士
11	大橋正春→林　景一	2017.1.13	2017.3.30	2017.4.10	10	行政官
12	大谷剛彦→戸倉三郎	2017.2.10	2017.3.9	2017.3.14	4	裁判官

筆者作成。櫻井龍子は行政官出身、大橋正春は弁護士出身。

二〇日以降最高裁判事の空席が続いていた。その異例ぶりは際立つ。

認証官任命式をめぐる日程調整

とはいえ、櫻井龍子の退官から山口厚の任命までの空席日数は二一日にも及んでいる。あるいは、山浦善樹から木沢克之へ最高裁判事のイスが引き継がれる間に一五日あいている。木沢を山浦の後任とする閣議決定から木沢の任命までで数えると、一か月以上かかっている。なぜこのような事態が生じるのか。

天皇の国事行為を列挙した憲法七条の五号に「国務大臣及び法律の定めるその他の官吏の任免（略）を認証すること」とある。その任免について天皇の認証が要る官職を認証官という。そして、裁判所法三九条三項は「最高裁判所判事の任免は、天皇がこれを認証する」と定める。つまり、最高裁判事は認証官である。従って、最終的な手続きとして皇居での認証官任命式を経てはじめて最高裁判事に就任したということになる。

もちろん、天皇にもスケジュールがある。さらに式に先立って、当該認証を担当する大臣は、内奏とよばれる天皇に対する事前説明を行う必要がある。その大臣を内奏大臣という。裁判所については法務大臣が内奏大臣として式に立ち会う。ということで、天皇と内奏大臣両者の日程調整がつく期日を選んで認証官任命式が執り行われる。

たとえば、山口の最高裁判事就任は二〇一七年一月二七日と当初は予定されていた。ところが、この日に衆院予算委員会の基本的質疑が入ってしまった。これは全閣僚が出席するもので、内奏大臣たる金田勝年法務大臣も終日質疑に縛られることになった。よって任命期日が遅れたのである。

強行された内閣法制局長官のポリティカル・アポインティ化

話を竹内の後任問題に戻す。安倍には、集団的自衛権行使容認派の小松一郎駐仏大使を内閣法制局長官に抜擢し、現長官の山本を竹内の後任の最高裁判事に就ける腹案があった。前例のない人事のため調整に時間がかかったのであろう。この二件の人事が報道されたのは八月二日であった。前日に、閣議人事検討会議で小松の起用を決定して手続きを踏んでいた。その後、八月八日の閣議で山本の退任と小松の就任、併せて山本の最高裁判事への任命が決定された。

ところで、この閣議人事検討会議とは、各省庁の局長以上の人事について、閣議に諮るのに先だって事前に審査する機関である。その対象者は約二〇〇人にのぼる。会議のメンバーは内閣官房長官と三人の官房副長官の計四人である。一九九七年五月一六日の閣議で、梶山静六官房長官が設けることを報告し了承された（同日付『朝日新聞』夕刊）。当時の第二次橋本龍太郎内閣は、各省の幹部人事を各省任せにせず、そこに内閣の意思を反映させることを目指していた。

上述のとおり、安倍は第一次内閣期には長官ポストのポリティカル・アポインティ化を断念させられた。ならばと、内部昇格の長官に憲法解釈の変更を迫ったが、体を張った抵抗にあって実現しなかった。この挫折経験は安倍に外部からの長官登用を強く意識させた。しかしこの案に菅官房長官は当初難色を示した。秋の臨時国会は経済最優先とすべきであり、また公明党との意見調整も容易ではない。ただ、首相の強い意欲と最高裁から空席の長期化に懸念が寄せられたことから、菅もついに折れたという（二〇一三年八月三日付『読売新聞』）。山本を最高裁判事に就ける認証官任命式は八月二〇日だった。空席は三一日に及んだ。

加えて、この人事を促進しえた環境として、七月の参院選で自公が勝利したことが挙げられよう。これにより参院でも与党が過半数を占め、いわゆるねじれ国会は解消されたのである

前出の大森元内閣法制局長官は、二〇〇八年に収録されたオーラル・ヒストリーで予言めいたことを述べている。

「総理［の在任］が長くなってくると、今度は自分の意思に基づく決断をする心理的余裕が出てくるんだね。それが社会情勢、政治情勢と絡み合うと、何をやり出すかわからない。ポリティカル・アポイントメントはできないという法制ではありませんから、とんでもない学者を呼んできて、法制局長官に任命するということもないことではない。そういう閣議整理をして、閣議で決めたらそれまでですからね。任命障害は何もないわけですから」（大森　二〇一五年　二四六頁）。

当時、安倍は首相に復帰してまだ七か月余りなので、在任が「長くなって」いたわけではない。それでも参院選勝利とねじれ国会解消は安倍に「心理的余裕」を与えたのだろう。

山本の長官在任期間は約一年八か月と異例の短さであった。最高裁判事という花道が用意されたことで、不名誉な印象は大きく希釈化された。内閣法制局長官経験者が最高裁判事に任命されるこ

表２　内閣法制局長官退任から最高裁判事任命までに要した日数

	氏名	内閣法制局長官退任日	最高裁判事任命日	待機日数
1	入江俊郎	1947.5.24	1952.8.30	1924
2	高辻正己	1972.7.7	1973.4.4	270
3	角田礼次郎	1983.7.8	1983.11.8	122
4	味村　治	1989.8.10	1990.12.10	486
5	大出峻郎	1996.1.11	1997.9.24	621
6	津野　修	2002.8.8	2004.2.26	565
7	山本庸幸	2013.8.8	2013.8.20	11

筆者作成

とは珍しいことではない。戦後直後の法制局長官だった入江俊郎を含めれば、山本以前に六人いる（表２）。けれども長官退任と最高裁判事就任の時期がこれほど近接したことはない。その六人で最も近接したのは、角田礼次郎の一二二日間である。ここにも山本人事の異例さが現れている。

内閣法制局は政府の法律顧問である。その長官が司法部のトップに入って、今度は政府や立法部の行為を裁くことになる。それ自体問題をはらんでいるが、その場合には相応の待機期間をおくことが必要なのではないか。

内閣法制次長への「配慮」

もう一つ、安倍の脳裏にあったと思われるのは、横畠裕介内閣法制次長の処遇である。内閣法制局の前身である法制局に次長ポストが置かれたのは、一九四五年一一月である（内閣法制局百年史編集委員会　一九八五年　八八頁）。それ以来、長官に昇格しなかった次長はいない。長官は特別職国家公務員であるから定年はない。一方、次長以下の職員は一般職国家公務員のため定年がある。次長は他省の事務次官に相当するので、定年退職年齢は六二歳である。より正確には、六二歳に達して以降で最初の三月三一日が定年退職日となる。それ以外の職員は六〇歳である。

そこで長官は次長がその定年退職日を迎える前に身を引く必要がある。前出の宮﨑長官は二〇一〇年一月一五日に退任した。一九四七年一一月一四日生まれの梶田信一郎次長の定年退職日が、二〇一〇年三月末日に迫っていた。

横畠は一九五一年一〇月一二日生まれである。次長のままであれば、二〇一四年三月三一日付で定年となる。だが、政権はこの日付で横畠の定年を一年延長させることを決めた。小松は体調不良を訴えて二〇一四年一月下旬から一か月入院した。その間、横畠が長官事務代理を務めていた。復帰後も通院治療が必要な小松を支えるために、横畠を次長に据え続ける必要があると判断されたのである(二〇一四年三月三一日付『読売新聞』)。結局、小松は二〇一四年五月に辞職する(翌月に死去)。二〇一五年三月に定年退官を迎えるはずだった横畠は長官に昇格し、定年の縛りから解放された。

ちなみに、現在の近藤正春次長(旧通産省出身)は一九五六年一月生まれである。二〇一八年三月に定年となる。ただし、ナンバー3の松永邦男第一部長(旧自治省出身)は一九五六年一〇月生まれである。次長になった場合の定年は二〇一九年三月である。内閣法制局における内部昇格の慣例は、総務主幹→審査部(第二部～第四部)のいずれかの部長→意見部(第一部)の部長→法制次長→長官となっている。横畠の長官在任もすでに三年に及んでいる。近藤と松永の両者がともに顔が立つ程度の長官在任期間となるように、横畠は退任時期を計算していることだろうと私は考えていた。

ところが、松永は六〇歳を過ぎても次長に上がらなかったため、二〇一七年三月三一日の定年退官日を迎えてしまった。長官人事における「予期可能なほどに安定的な人事慣行」（中野　二〇一三年　二四頁）から派生する幹部人事としては、ありえない事態であった。その制度化の起点である前述した吉国長官時代以降の第一部長就任者は、当時の角田礼次郎から松永までで一七人いる。そのうち次長さらに長官に上がれなかったのは松永以外に二人しかいない（近藤は現職次長なのでこの二人には含めない）。一人は病気療養の休職中の一九八六年一月二日に死亡した前田正道（旧大蔵省出身）である。もう一人は第一部長を最終ポストに一九八八年一月八日付で退官した関守（農林省出身）である。

内閣法制局には「四省責任体制」（大森　二〇一五年　一〇九頁）とよばれる不文律があり、長官と次長は法務、旧大蔵、旧通産、旧自治の四省いずれかの出向者が就く。部長職になるとこれに農水が加わる。従って、関には次長以上にのぼる途はそもそもなかった。一方、松永は旧自治省出身であるから、当然有資格者である。それなのに第一部長に据え置かれて無念の定年退官となった。

松永を長官に就ける必要がなくなったので、近藤次長についてだけその「配慮」をすればよい。ということは、二〇一八年三月の直前まで現在の横畠が長官にとどまれることを意味する。仮にそれまで在任すれば、横畠は四年近い長期在職となる。横畠からさかのぼって一〇人の長官の在職期間をみれば、宮﨑の三年四か月弱が最長である。次長として小松長官を補佐し、次いで長官となって安保法案成立に貢献した。その「ごほうび」として、政権が慮った人事なのだろうか。

第3節　司法に介入する「アベノ人事」――第三次安倍内閣期の人事

安倍政権による司法への人事介入「前史」

先に引用したように、大森元内閣法制局長官は首相在任が長期化すると、自分の意思を貫こうとする「心理的余裕」が生まれてくると指摘した。第三次安倍内閣では、それを裏付けるような人事が最高裁判事をめぐって行われた。

まず「前史」があった。二〇一四年三月三一日付で竹﨑博允最高裁長官が依願退官し、翌四月一日付で寺田逸郎最高裁判事が第一八代の最高裁長官に就任した。竹﨑が依願退官したのは「健康上の理由」とされた。けれども、一九四四年七月八日生まれの竹﨑は二〇一四年七月七日の定年退官日まであと三か月あまりだった。急いで依願退官するほどの健康面での問題を抱えていたとは考えにくい。というのも、二〇一四年二月二六日の最高裁裁判官会議で竹﨑は退官の意向を表明し了承され、内閣に退官届を提出した。それでも、「急に体調が悪化したわけではなく、三月末まで執務を続けるという」(二〇一四年二月二七日付『朝日新聞』)と報じられたからだ。しかも、最高裁長官の依願退官は珍しい。第一二代長官の草場良八が定年退官日より八日早く依願退官した例があるのみである。草場は当初は定年退官する予定であったが、「十一月下旬に高裁長官会議が予定されており、新任の高裁長官に管内の状況を十分把握してもらう時間的余裕を与えるため」（一九九五年一〇月三一日付『朝日新聞』夕刊）前倒しの退官を決めた。草場の退官に連動して、八つある高裁長官ポストのうち三つに異動があったのである。

おそらく竹﨑は「健康上の理由」とは別の強い動機から依願退官を選んだのだろう。その脳裏には、内閣法制局長官の内部昇格の慣例を政権が覆したことがあったのではないか。政権の意を体した長官を送り込むことによって、政権は内閣法制局を掌中に収めた。最高裁に対しても、政権が竹﨑の定年退官日から逆算して同じ狙いで人事権を行使する準備を進めかねない。竹﨑の異例の依願退官はその機先を制する「予期反応」だったのではないか。あるいは、裁判所には介入させないという政権に向けた意思表示ではなかったか。

あるベテラン裁判官は、「竹﨑長官の定年が近づいて注目が集まる前に先手を打ち、後任人事をスムーズに進める意図があったのかもしれない」と解釈してみせた（二〇一四年三月八日付『北海道新聞』）。「七月と思っていたはずの退任を前倒しで表明すれば、官邸は後任の候補者選びが間に合わない。官邸に準備の時間を与えなかったということではないか」という最高裁関係者の声もある（同年三月七日付『朝日新聞』）。

「一人じゃダメだ」は事実なのか

加えて、以下の記述が事実だとすれば、竹﨑が決断するもう一つの伏線になりうる。安倍に近い田﨑史郎・時事通信特別解説委員は、須藤正彦最高裁判事の後任に鬼丸が内定したときのいきさつをこう書いている。

「この人事で、最高裁事務局《ママ》は一人だけを官邸に提示した。それに対して、安倍らは「一人じゃダメだ。複数候補持ってきてほしいと言って、蹴飛ばした。／最高裁事務局《ママ》は青ざめて反論した。／「でも、歴代こうなっています。これは日弁連の推薦を得て、最高裁が持ってきて、首相にご了解いただくというプロセスになっています」／しかし、官邸側は「いや、だけど憲法にはそう書いていない。内閣総理大臣に権限がある。（略）」と言って、首をたてに振らなかった。（略）「人事は官邸が決める」――。このメッセージを内閣発足から一ヵ月もたたないうちに霞が関に発信した」（田﨑　二〇一四年　六四頁）。

この人選にあたっては、弁護士の水野武夫が日弁連内での候補者決定のプロセスを次のように明らかにしている（市川ほか　二〇一五年　三一〇～三一一頁）。

須藤の後任推薦については、二〇一三年四月二二日に定年退官する田原睦夫の後任推薦と同時に進められた。「日本弁護士連合会が推薦する最高裁判所裁判官候補者の選考に関する運用基準」三条に従って、二〇一一年一一月四日に会員と各弁護士会に推薦依頼がかけられた。その結果、東京、第一東京、第二東京（二人）、大阪（二人）、京都、および札幌の各弁護士会から合計八人が推薦された。

彼らについて、基準六条に基づき「最高裁判所裁判官推薦諮問委員会」（委員長は日弁連会長）が選考を行った。具体的には、この八人に対して面談を実施し、投票の結果八人全員を順位を付けて推薦することを決定した。委員長である日弁連会長はそれを最高裁長官に、そして最高裁長官が内閣官房長官に伝えた。この過程で八人の順位は会長のみが知ることとされた。すなわち、会長が投票どおりの順位で最高裁長官に伝えたか、最高裁長官がその順位のまま内閣官房長官に推薦したか。これらはわからない。

ただし、ここで重要なのは最高裁側が複数の候補者を推薦したと考えられる点である。最高裁事務総局のトップである事務総長を務めた泉徳治元最高裁判事も、「任命権はあくまでも内閣にありますから、最高裁長官としても複数の候補者を挙げて、優先順位を付けて意見を述べるということをしております」（泉 二〇一七年 一五七頁）と述べている。もちろん、最高裁長官が直々に内閣に候補者を伝えるのは形式的な手続きである。実際には、事務総局の人事担当者が事務副長官にまず内々に伝える。しかし、そのとき提示された候補者が、田﨑が書いているように一人だったとは考えにくい。もしそうであれば、最高裁は日弁連の意向を完全にないがしろにしたことになろう。

事実関係がおかしい朝日記事

ところが偶然にも、二〇一七年三月二日付『朝日新聞』が「田﨑説」を補強する記事を掲げた。

第二次安倍政権発足後、しばらくした頃。首相官邸で、杉田和博・内閣官房副長官が、最高裁の人事担当者に向き合って言った。／「一枚ではなくて、二枚持ってきてほしい」／退官する最高裁裁判官の後任人事案。最高裁担当者が示したのが候補者一人だけだったことについて、杉田氏がその示し方に注文を付けた。杉田氏は事務の副長官で、こうした調整を行う官僚のトップだ。／このとき、退官が決まっていたのは、地裁や高裁の裁判官を務めた職業裁判官。最高裁は出身別に枠があり、「職業裁判官枠」の判事の後任は、最高裁が推薦した一人を内閣がそのまま認めることがそれまでの「慣例」だった。これを覆す杉田氏の判断について、官邸幹部は「一人だけ出してきたものを内閣の決定として『ハイ』と認める従来がおかしかった。内閣が決める制度になっているんだから」と解説する。

この記述は事実関係がおかしい。「第二次安倍政権発足後、しばらくした頃」に該当する最高裁判事の後任人事といえば、表1にあるとおり、田﨑が指摘した鬼丸か二〇一三年四月二五日に任命された木内道祥であろう。両者とも弁護士枠なので、記事にある「「職業裁判官枠」の判事の後任」ではない。その該当者を探すと二〇一四年四月一日任命の山﨑敏充になる。とはいえ、二〇一二年一二月二六日に発足した第二次安倍内閣から一年三か月以上経っている。これを「しばらくした頃」というであろうか。しかも山﨑の前任は竹﨑長官である。竹﨑も「地裁や高裁の裁判官を務めた職業裁判官」には違いないが、長官についてこのような紹介の仕方はしまい。田﨑の書いた鬼丸の例と取り違えているとしたら、お粗末もはなはだしい。

いずれにせよ、最高裁が内閣に提示する後任候補者が一人だけだとしたら、泉の指摘のとおり憲法に規定された内閣の任命権の侵害になる。田﨑や朝日の「臨場感あふれる」記述の信憑性には疑いを禁じ得ない。政権が流した含みのある情報を鵜呑みにしたのではないか。

安倍政権が意思を通した山口厚最高裁判事の任命

一方で、政権が最高裁判事人事について、慣例に従わずに意思を通した根拠のある事例もある。二〇一七年一月一三日の閣議で二人の最高裁判事の人事が決定された。一月一五日に定年退官する櫻井（行政官出身）の後任に山口（弁護士・早稲田大学法学学術院教授）を、また三月三〇日に定年退官する大橋正春（弁護士出身）の後任に林景一（前駐英大使）を充てるとした。この二件の人事を合わせれば、行政官枠と弁護士枠は維持されたようにみえる。

なるほど、山口は弁護士ではあるが、彼の弁護士登録（第一東京弁護士会）は二〇一六年八月であり、とても弁護士プロパーとはいえない。一九七六年に東大法学部助手に就任して以来、東大助教授、東大教授を務め、二〇一四年に定年退官した。その後早大教授に転じた。弁護士としての開業経験はない。

最高裁裁判官の弁護士枠の後任候補者については、前述のとおり最高裁判所裁判官推薦諮問委員会の選考に基づき、日弁連会長が最高裁に複数の候補者を順位を付して伝える。それを最高裁は内閣に伝える。内閣は日弁連の意向を受けた最高裁の意見を尊重して、後任の最高裁裁判官を決定する慣行が定着していた。前出の泉は、「歴代内閣は、最高裁長官の意見を尊重してきたと思います。内閣の任命権と司法の独立を調和させるという考えから、こういう慣行ができてきたのだと思います」（泉　二〇一七年　一五七頁）と推測している。

今回の人選では、七人の候補者を日弁連は最高裁に推薦した。この七人に山口は入っていなかった。一月二〇日の日弁連の理事会で、中本和洋・日弁連会長が「政府からこれまでより広く候補者を募りたいとの意向が示された」（二〇一七年三月二日付『朝日新聞』）と事情を説明している。最高裁はまず日弁連の意向に沿った候補者を内閣に推薦したが、内閣はこれを「尊重」せず再考を求めた。そこで、最高裁はその内意を「忖度」して日弁連と協議した結果、山口を推すことになった、ということではないか。本質は「官邸主導」人事だったと考えるほかない。安保法制の違憲訴訟が各地で相次いで提訴されている。弁護士枠を実質的に一名減とした官邸の内意は、それが最高裁まで上がってきたときの布石ということであろう。

政権は二〇一三年八月の内閣法制局長官人事の際に慣行を無視して、恣意的な人事を行った結果、安保法を成立させせた。今回はその合憲判決を最高裁で出させるために再び慣行に従わなかった。司法の独立の観点から強い違和感を覚える。にもかかわらず、日弁連からは強く抗議する声は聞かれない。せいぜい上記の理事会で、中本会長が「長い間の慣例が破られたことは残念だ」と語った程度である（同）。日弁連としては、ともあれ弁護士枠は保たれたと安堵しているのか。だとしたら楽観的すぎよう。政権はこれをそれこそ前例として、人事権を用いて裁判所へも介入を強めてくるに違いない。

前掲の表1に氏名のない三人の最高裁裁判官の任命日と定年退官日は、〔次頁〕の表3のとおりである。安倍が二〇一八年九月の自民党総裁選で三選されれば、岡部喜代子の後任も安倍首相の下

表３　第２次安倍内閣発足以前に任命された最高裁判事

	氏名	任命日	定年退官日	出身枠
1	岡部喜代子	2010.4.12	2019.3.19	学者
2	寺田逸郎	2010.12.27	2018.1.8	裁判官
3	小貫芳信	2012.4.11	2018.8.25	検察官

筆者作成

で任命される。しかも「行政官と学者の場合は、内閣が直接人選しますので、最高裁は関与しません」（泉　二〇一七年　一五八頁）。とまれ、一五人の最高裁裁判官全員が「アベノ人事」という事態が出来する。

第４節　内閣人事局――「アベノ人事」の司令塔

内閣人事局の設置とその狙い

内閣官房に内閣人事局が設置されたのは、二〇一四年五月三〇日のことである。そのＨＰによれば、内閣人事局が取り組みを「強力に推進して」いる分野は、（１）国家公務員の人事行政、（２）国の行政組織、そして（３）幹部職員人事の一元管理である。これらのうち（３）が最も注目すべき分野といえる。

各省の一般職国家公務員の任命権者は各省の大臣である（国家公務員法五五条一項）。とはいえ、数年で交代する大臣が省内人事に通暁することは現実的にまず不可能である。大臣がいちいち人事に口を挟んでは、国家公務員の政治的中立性を損なう点で問題でもあった。そこで、事務方の人事は実質的には事務方トップの事務次官が差配する慣行が確立されてきた。反面、それは適材適所とは無関係な人事の定形化をもたらし、「トコロテン人事」と揶揄されもした。また、省ごとに「多元的」になされるため、国益ではなく省益の観点が優先されがちであった。これに対して、橋本政権が閣議人事検討会議を設けて、官僚の幹部人事にも内閣の指導性を発揮しようとしたことはすでに述べた。

閣議人事検討会議は、閣議での報告・了承により設置された官房長官と三人の官房副長官からなる会議体であった。これに対して、内閣人事局は内閣法改正により、その二一条に「内閣官房に、内閣人事局を置く。」と明記された法的根拠をもつ行政機関である。検討対象も拡大され、各省庁の事務次官と局長・審議官級の約六〇〇人の幹部人事について、内閣による一元的な人事を行うことを目指した。具体的には、首相に委任された官房長官が幹部候補者名簿を作り、各省の大臣は首相と官房長官と協議して、名簿に登載された候補者の中から適任者を任命することになる。

初代局長には当初は政治主導の行き過ぎへの懸念から、事務副長官である杉田が予定されていた。しかし、発足直前になって政務の官房副長官である加藤勝信衆院議員に変更された。政治主導の人事を司るトップが事務副長官では、設置の目的が不鮮明になりかねないと菅官房長官が考え直した（二〇一四年五月二一日付『日本経済新聞』）。一方、事務副長官も入る閣議人事検討会議も存続させることで埋め合わせがなされた。局長以上の人事はここで最終的に決められ閣議に諮られている。

その頃、菅は「安倍政権は政治主導、改革意欲に富んだ政権だ。縦割りを排除し、公務員には省益ではなく国益を考えて活動してほしい」と語っている（二〇一四年五月二〇日付『毎日新聞』夕刊）。

本稿冒頭に掲げた「慣例のみに従って人事はやるべきではない」との菅の言葉を実行する機関こそ、内閣人事局なのである。ただ、官僚たちからは「官邸にこびて、物を言う役人がいなくなる」と懸念する声も漏れてきた（二〇一四年五月三一日付『朝日新聞』）。前述の二〇一三年八月の内閣法制局長官人事は、官僚たちを身構えさせるに十分だった。

「森友」に通じる財務省人事

内閣人事局発足後はじめての各省庁の幹部人事が、二〇一四年七月四日と一八日の二回の閣議で決定された。有力視されていた幹部がすんなり事務次官に上りつめるなど、ほぼ順当な人事が行われた。その上、政権の意向を反映して女性の幹部登用が進んだ。局長級以上に一五人が就くことになり、それまでの八人から倍増した（二〇一四年七月五日付『朝日新聞』）。

財務事務次官には退官する木下康司（一九七九年旧大蔵省入省）の後任に、同期の香川俊介主計局長が就いた。主計局長は「次官待ちポスト」ゆえにこれも順当であった。反面意外感をもって受け止められたのは、香川の後任の主計局長に田中一穂主税局長が回ったことである。主税局長と主計局長の二ポストを同一人物が務めた事例は戦後なかった。加えて、田中は木下、香川と同期入省である。田中は香川の次の事務次官を確実にしたことで、同期から三人の事務次官を出すことになった。従来、同期から二人ですら異例であった。田中には第一次安倍内閣で首相秘書官を務めた経歴がある。在任中に首相から「次官にしてやりたい」との心証を抱かせるほどの信頼を得た（『エコノミスト』二〇一四年七月一日号、一五頁)。二〇一五年七月七日付で、田中は香川の後任として事務次官に昇格した。

さて、二〇一七年二月以降、いわゆる森友学園問題が政権を直撃する疑惑として大きく報じられた。国と森友学園との売買交渉が進展したのは二〇一六年三月以降である。そして、森友への格安の国有地払い下げの売買契約は同年六月二〇日に締結された。その直前の六月一七日付で田中は事務次官を退任し、佐藤慎一主税局長が昇格している。

「忖度」を想像させる「状況証拠」

国有地などの国有財産の管理は財務省理財局が所管する。そのトップである理財局長が首相官邸で首相に面会することはめったにない。表4〔次々頁〕は第二次安倍内閣成立以降本稿執筆時(二〇一七年四月二八日)までの間に、理財局長が首相官邸で首相に面会した記録である。

一三回の面会のうち財務大臣が同席していたのが八回、事務次官同席が九回、主計局長同席が六回、官房長同席が二回、主計局長同席が六回、および主税局長同席が三回である。理財局長を除く出席者数は四人が二回、三人が三回、二人が五回、一人が三回となる。面会回数の一番多い理財局長は迫田英典の五回で、うち四回は件の田中事務次官が同席している。一方、主計局長同席は一回もない。理財局長を除く出席者数一人であった三回(左端の番号が太字)は、いずれも迫田理財局長のときである。迫田の面会パターンが他の四人の理財局長とは異なっているのがわかる。ちなみに、迫田は山口県豊北町（現・下関市）の出身で、ここは安倍の選挙区である衆院山口四区にあたる。

とりわけ、二〇一五年九月三日の面会は注目される。その翌日、安倍首相は参院が安保法案審議で緊迫していた時期にもかかわらず、テレビ番組出演のためわざわざ来阪した。第一次安倍内閣で国土交通大臣を務めた冬柴鉄三の次男が経営する飲食店で食事もしている（二〇一五年九月五日付『産経新聞』「安倍日誌」ほか）。九月五日には首相の妻である安倍昭恵が、森友学園が運営する塚本幼稚園で講演した。二〇一七年三月二三日の国会での証人喚問で森友の籠池泰典理事長は、その講演終了後に昭恵から「安倍晋三からです」と一〇〇万円の寄付金を手渡されたと証言した（昭恵側は否定）。しかも、同日に国土交通省が森友学園への六二〇〇万円の補助金交付を決定している。

「事実は小説よりも奇なり」とは、この証人喚問において籠池が発した「名セリフ」である。事の真相はわからない。ただ、森友をめぐってはキーパーソンの「忖度」を想像させるに十分な「状況証拠」がある。理財局長の迫田は強い影響力を行使できる立場にあったし、迫田の了承なしには森友への激安売却はありえなかった。さらに、異例の売却なので田中事務次官にも話は通っていたであろう。安倍の覚えめでたい田中が同期から三人目という例外的な人事で事務次官を射止めた。その在任中に森友事案が処理された。安倍の選挙区出身の迫田は理財局長としての「忖度」を評価されたのか、その後国税庁長官に栄転した。迫田の後任の理財局長で、「森友」の経緯は「記録に残っていない」と国会答弁した佐川宣寿も、二〇一七年七月五日付で国税庁長官に就いた。

表4　財務省理財局長が首相に面会した記録

	訪問日	理財局長	同席者				
			財務相	事務次官	官房長	主計局長	主税局長
1	2013.1.9	古沢満宏	○	○	—	○	○
2	2013.1.21	古沢満宏	○	○	—	○	○
3	2013.1.24	古沢満宏	○	○	—	—	○
4	2013.12.17	林　信光	○	○	—	○	—
5	2015.5.19	中原　広	○	—	—	○	—
6	2015.7.2	中原　広	—	—	○	○	—
7	2015.7.31	迫田英典	—	○	—	—	—
8	2015.8.7	迫田英典	○	○	—	—	—
9	2015.9.3	迫田英典	—	—	○	—	—
10	2015.10.14	迫田英典	—	○	—	—	—
11	2015.12.15	迫田英典	○	○	—	—	—
12	2016.7.11	佐川宣寿	○	○	—	○	—
13	2016.7.25	佐川宣寿*	—	—	—	—	—

網掛けは事務次官が田中一穂であることを示す。
*はほかに和泉洋人首相補佐官、奥田哲也国土交通省鉄道局長が同席。
『朝日新聞』「首相動静」欄を参照して筆者作成。

「今回の「事件」の影の主役は実は「内閣人事局」である」

二〇一六年六月一四日の閣議で決められた各省庁の幹部人事でも、慣例に従わない人事が行われた。

上述のとおり、田中事務次官の後任は主税局長から佐藤が昇格した。主税局長から事務次官となるのは三五年ぶりである。外務省では次官級の外務審議官（政務担当）に秋葉剛男・総合外交政策局長（一九八二年入省）が起用された。秋葉の後任には石兼公博・アジア大洋州局長が就いた。石兼は一九八一年入省である。霞が関の「お役所の掟」ではありえない上下関係での入省年次の逆転が生じた。「秋葉氏は中国課長だった〇六年、一次政権が発足した直後の安倍晋三首相の電撃訪中をお膳立てした。国際法局長時代は日中首脳会談につながる四項目の合意事項の文言調整に関わるなど、首相の信頼も厚い」（二〇一六年六月一五日付『日本経済新聞』）。

いわゆる入省年次序列について、城山三郎の小説『官僚たちの夏』の主人公のモデルとなった「異色官僚」の佐橋滋は手厳しい。「昭和一五年大学卒の局長は、絶対に昭和一四年卒の局次長を使うことはない。（略）そこには、能力の観念はゼロなのである」と（佐橋　一九七二年一四〇頁）。

内閣人事局は佐橋の批判にまさに答えて、能力本位の幹部人事を行うために設置された。しかし、そこで問われている「能力」とは佐橋が理想とした「国士型」官僚としての能力ではなく、政権に取り入る能力ではないのか。菅は官僚たちに国益を考えて行動せよと求めた。だが、実際には彼らはアベ益を「忖度」して行動し、人事の厚遇を期待する。そして上記のとおり、内閣人事局はその忠勤ぶりに応えた人事を行ってきた。

小沢一郎自由党代表は自身のツイッター（@ozawa_jimusho）に、森友学園問題について二〇一七年三月二〇日にこう書き込んだ。

「今回の『事件』の影の主役は実は『内閣人事局』である。安倍政権が政治主導のためと称して作った機関で、審議官以上の役職は官邸が直接決定権を持つ。実際には政治主導どころか単なる『ゴマスリ役人製造機』になってしまっており、それが今回の事件の原因の一つにもなっている。公正な行政は死滅寸前。」

これに、読売新聞の記者を長く務めた岸宣仁の次の言葉を重ねてみる。

「役人は人事がすべて――善きにつけ悪しきにつけ、やはりこれが三〇年以上霞が関を取材し続けてきた私の結論である」（岸　二〇一〇　二四七頁）。

人事という餌を差し出されると、役人とはこうもあっさりゴマスリ化するものか。公正な行政という点では、官僚に対する悪口の定番である繁文縟礼のほうが、崇高な理想にさえ思えてくる。

おわりに

「アベノ人事」によって、ゴマスリ官僚やヒラメ官僚が増えるのをなにより懸念する。国益の名の下にアベ益を追求する官僚が跋扈するのを憂慮する。

前出の佐橋は企業局長時代に、当時の佐藤栄作通産大臣に対して、「それで実力大臣ですか」と面罵した。省あげて獲得を念願していた予算を、大蔵省での大臣折衝に臨んだ佐藤があっさりあきらめて戻ってきた際である（佐橋　一六七年　二三九頁）。『官僚たちの夏』の冒頭には、「おれたちは、国家に雇われている。大臣に雇われているわけじゃないんだ」との主人公の「国士」的口癖が出てくる。

もちろん、現代の官僚たちに国士たれと叱咤してもあまり意味はあるまい。とはいえ、慣例をものともせず媚アベ官僚にして忖度型官僚が重用される「アベノ人事」はゆるがせにはできない。それは行政部を萎縮させる。のみならず、政権は司法部にまでその手法を用いて介入をはかっているのだ。もはやこうした「アベノ人事」が新たな「慣例」として確立した感すらある。

「慣例のみに従って人事はやるべきではない」とは、まさに安倍政権に対する警句なのである。


〈参照・引用文献およびウェブサイト〉


泉徳治ほか（二〇一七）『一歩前へ出る司法』日本評論社。

市川正人ほか編著（二〇一五）『日本の最高裁判所』日本評論社。

大森政輔（二〇一五）『大森政輔オーラル・ヒストリー』東大先端科学技術研究センター牧原出研究室。

岸宣仁（二〇一〇）『財務官僚の出世と人事』文春新書。

後藤致人（二〇一〇）『内奏』中公新書。

後藤田正晴（一九九八）『情と理〈上〉』講談社。

佐橋滋（一九六七）『異色官僚』ダイヤモンド社。

――（一九七二）『日本への直言』毎日新聞社。

城山三郎（一九八〇）『官僚たちの夏』新潮文庫。

『政官要覧　平成29年春号』（二〇一七）政官要覧社。

竹中治堅編（二〇一七）『二つの政権交代』勁草書房。

田﨑史郎（二〇一四）『安倍官邸の正体』講談社現代新書。

内閣人事局HP　http://www.cas.go.jp/jp/gaiyou/jimu/jinjikyoku/

内閣法制局百年史編集委員会編（一九八五）『内閣法制局百年史』内閣法制局。

中野晃一（二〇一三）『戦後日本の国家保守主義』岩波書店。

西川伸一（二〇一七ａ）「安倍政権が〝忖度〟か？　内閣法制局で異例人事」『週刊金曜日』一一三一号。

――――（二〇一七ｂ）「裁判官幹部人事・二〇一〇年以降の傾向分析」『現代日本の法過程　宮澤節生先生古稀記念論文集』信山社。

古川貞二郎（二〇〇五）『霞が関半生記』佐賀新聞社。

真渕勝（二〇一〇）『官僚』東大出版会。

横田一（二〇一七）「森友学園、実質的「公人」の昭恵氏と首相の口利き疑惑〝アッキード事件〟の解明を」『週刊金曜日』一一二七号。

読売新聞政治部（二〇一八）『真空国会』新潮社。

☆本稿の記述の一部は、西川（二〇一七ａ）および西川（二〇一七ｂ）と重複している。

〈本書収録時の追記〉

二〇一七年一〇月二二日の衆議院議員総選挙の結果を受けて、一一月一日に安倍晋三は国会で四たび首相に指名され同日に第四次安倍内閣が発足した。本文で取り上げた菅義偉官房長官、杉田和博官房副長官（事務）兼内閣人事局長、および横畠裕介内閣法制局長官はいずれも留任した。

二〇一八年一〇月二日に内閣改造が、二〇一九年九月一一日には二度目の内閣改造が行われた。菅と杉田は留任し続けた一方、横畠は第二次改造内閣発足を機に退任し、内閣法制次長の近藤正春が長官に昇格した。

本文で述べたとおり、内閣法制次長は六二歳になって迎える年度末に定年退官する。これに従えば、一九五六年一月生まれの近藤は、二〇一八年三月三一日で退官することになる。ところが、内閣法制局はこの日付で近藤の定年を一年延長することを決めた。「来年四月三〇日に予定されている天皇陛下の退位に関する憲法問題に精通している」ことが理由とされた。そして、翌二〇一九年三月三一日にも同様の理由で定年がさらに一年延長された。

これも本文で指摘したが、内閣法制局長官は特別職国家公務員なので定年はない。内閣法制次長は事実上次の内閣法制局長官であるから、近藤の定年延長は同時に横畠の長官留任も意味した。その結果、横畠の長官在任は実に五年四か月にも及んだ。一九七〇年代以降で最長である。「アベノ人事」による「ごほうび」感が強い。

定年延長といえば、検察庁法改正案をめぐって「アベノ人事」は大きくつまずいた。政府は二〇二〇年一月に、二月に六三歳の役職定年を控えていた黒川弘務・東京高検検事長の定年を、半年延長することを閣議決定した。黒川には「政権寄り」との評判があり、慣例からみて七月に退官すると予想された稲田伸夫・検事総長の後任含みの措置といわれた。露骨で前例のないやり方に野党は猛反発した。そこで同年三月に、この定年延長に法的根拠を与えようとしたのが検察庁法改正案であった。六三歳の役職定年を内閣の個別判断で延長できることを法律に規定したのである。すなわち、内閣による恣意的な人事が法的に可能になる。

これにはSNSを中心に反対の輪が広がり、二〇二〇年五月に政府・与党は改正案の成立を断念する。その直後に黒川の賭け麻雀が報じられ、黒川は東京高検検事長を辞任した。

さて、就任当初は健康面で不安をのぞかせた杉田は、安倍内閣の総辞職後も留任して菅政権を支えた。そして菅政権最大の悪事こそ、日本学術会議が推薦した六人の新会員候補者の任命を、二〇二〇年一〇月に菅首相が拒否したことである。杉田が内閣情報調査室（内調）に新会員候補者全員の調査を指示し、六人の任命拒否を菅とその周辺に進言したのではないか。いまに至るも六人の欠員が続く。言い換えれば、依然として日本学術会議は日本学術会議法に違反する状態のままである。前川喜平元文部科学事務次官も「杉田機関」に素行調査され、二〇一七年五月二二日付『読売新聞』の謀略記事の餌食になった。

第Ⅱ部

自民党、公明党、そして共産党とはいかなる政党なのか

第1章　自民党総務会の研究——そのしくみと機能への接近——

はじめに[1]

自民党についてはもちろん豊富な研究蓄積がある。しかし、それらの多くは政治史的アプローチによる通時的なものか、自民党の全体的な党内構造や派閥力学を共時的に把握するものであった[2]。一方、より踏み込んで、自民党の各内部機関に特化して接近した研究は少ないのではないか[3]。そこで、本稿はその中でも総務会に着目し、そのしくみと機能を明らかにする。というのも、総務会こそ自民党の事実上の最高意思決定機関だからだ。

もとより、党則上は党の最高機関は党大会である（党則二七条）。ただ、党大会は原則的に年に一回しか開催されない（同二八条）。ゆえに、党則三三条一項には「特に緊急を要する事項に関しては、両院議員総会の決定をもって党大会の議決に代えることができる」との定めがある。

たとえば、総裁が任期途中で辞職した場合は、「党大会に代わる両院議員総会」で後任総裁が選任される（同六条二項）。このように、両院議員総会の決定によって党大会の議決に代えるためには、党所属の衆院議員・参院議員の三分の二以上の出席が必要となる（同三三条一項ただし書き）。

加えて、「特に緊急を要する事項」でなくとも「党の運営及び国会活動に関する特に重要な事項を審議決定する」機関として、両院議員総会がある（同三三条一項）。これについては、「党大会に代わる両院議員総会」とは異なり、党則上定足数の規定はない。ちなみに、国会開会日には国会内で両院議員総会が必ず開かれる。

それでは「特に重要」でない事項はどうなるのか。党則三八条は「総務会は、党の運営及び国会活動に関する重要事項を審議決定する」としている。つまり、自民党の意思決定は、事柄の重要度に応じて、党大会→「党大会に代わる両院議員総会」→両院議員総会→総務会とその場を変えていく。これらのうち、総務会こそ常設の意思決定機関なのである。

元首相で、総務会長を一九六八年一二月から一九八〇年七月まで断続的に九期歴任した鈴木善幸は、こう述べている。「党における党大会、これはしばしば開けませんから、総務会というのは、党大会にかわる党議決定機関というわけですね」（鈴木　一九九一：一六二）。鈴木の総務会長通算在職期間は自民党史上最長である(4)。

総務会は自民党の党運営と国会活動にとって不可欠の議決機関である。それにしては、その内実はあまり知られていない(5)。本稿では、まず総務会についての客観的事実の把握からはじめて、それが実際にいかに作用しているかへと考察を進めたい(6)。

第1節　総務会の会議体としての基本事項

会議室と定例日

自民党本部六階に総務会室がある。細長い楕円形のテーブルに三〇席以上の椅子が配置されている。さらに、会議室の四面の壁を背に多くの椅子が並べられている。国会閉会中はここで総務会が開かれる。国会開会中は国会内の衆院第十五控室で開催される。国会内には、登院した議員が本会議や委員会に出席するために待機する部屋として議員控室がある。各会派へのその割り振りは、各会派の所属議員数に依っている（浅野・河野二〇一四：八五）。

自民党は結党以来、民主党政権期を除く期間で常に衆院で比較第一党なので、割り当てられる部屋数は多い。衆院第十五控室は他会派に譲られることなく、自民党の総務会室用の部屋としてずっと使われている。

総務会は原則として毎週火曜日と金曜日の一一時から開催される。(7) 招集者は総務会長である（党則四〇条二項）。特段の議題なしと総務会長が判断すれば開かれない。一方、臨時総務会が設定されることもある。直近では二〇一六年八月三日（水）に安倍晋三首相は第三次内閣の再改造を行った。その日、首相は自民党総裁として一〇時三三分に臨時総務会に出席している。総務会の承認が必要な幹部人事を順当に固めたのち、午後一時三二分に臨時閣議を開催し、二時三五分に組閣本部を設置した（二〇一六年八月四日付『朝日新聞』）。

開催時間はたいてい一五分ほどである。どんなに延びても正午には終えざるを得ない。昼食の出る会合がどの出席議員にも必ず設定されているので、出席者がいなくなってしまうからだ。また、開催に必要な定足数は定められていない。それは後述する議決の全会一致の慣例に起因する。

総務の定員

総務会の構成員を総務とよぶ。定員は二五名である（党則三七条）。全員が自民党所属の国会議員である。ただし、例外的に非議員が総務を務めることもある。一例を挙げれば、二〇一六年九月九日に死去した加藤紘一は、二〇一二年一〇月一六日から二〇一三年一月一〇日まで総務を務めている。彼は二〇一二年一二月一六日の総選挙で落選したが、引き続き約一か月間、総務であり続けた。そもそも、衆議院が解散されれば、その時点をもって衆院議員としての地位は失われるので、たとえば加藤と同じ期間に総務であった河野太郎も、解散日の二〇一二年一一月一六日から総選挙で当選する前日の同年一二月一五日までは、非議員の総務だったことになる。

総務の定員は一九五五年一一月一五日の自民党結党時には四〇名と党則で決められた。当初は旧日本民主党と旧自由党それぞれの所属議員二〇名ずつとすることが、党首脳間で申し合わされた（一九五五年一一月一八日付『朝日新聞』夕刊）。五年後には三〇名に減員される。第八回臨時党大会二日目の一九六〇年七月一四日に決定された党則の一部改正に基づく。これに先立って設置された党則改正特別委員会は、少数精鋭主義の観点から二〇名に半減する改正案要綱をまとめていた。それが総務会で押し戻され三〇名で落ち着いた(8)。

以来四〇年近くも総務の定員は三〇名で変わらなかった。ところが、二〇〇一年三月一三日の第六七回党大会における党則の一部改正で三一名になった(9)(自由民主党 二〇〇六：五七)。その後、民主党政権を誕生させた二〇〇九年の総選挙で、自民党公認候補者の当選は一一九名にすぎなかった。後述のとおり、総務と兼職できない慣例になっている役職が数多く存在する。それらを補していったあとに総務の選任手続きに入る。その際、当時は所属議員数激減のため、衆院議員に割り当てられている総務の定員を満たすことができなかった。

そこで、二〇〇九年一〇月一三日開催の総務会で、田野瀬良太郎総務会長が定員の二五名への削減を発議し了承された。次回の一〇月二〇日開催の総務会より二五名が定員となった。そして、二〇一〇年一月二四日の第七七回党大会における党則の一部改正により、この減員が追認された。つまり、一〇月二〇日からこの党大会までの総務会では、党則上は三一名が定員であったが二五名への減員を先行実施していたことになる。

自民党は二〇一二年の総選挙で二九四議席を獲得する大勝を収め、二〇一四年総選挙でもその勢力を維持した。となれば、総務の員数を二〇〇九年の下野以前に戻すべきだと声が上がってもよさそうなものである。なぜかそのようなことはなく、二五名のまま今日に至っている(党則三七条)。

総務会の出席者

総務会に出席するのはこの総務二五名だけではない。そのほかに、次の党役員ポストにある国会議員も出席するが、総務でない彼らに議決権はない。

副総裁・幹事長・政務調査会長・国会対策委員長・選挙対策委員長・組織運動本部長・広報本部長・参議院議員総会長・参議院幹事長・参議院政策審議会長・参議院国会対策委員長・青年局長・女性局長

総裁も出席することがある。上記の臨時総務会には安倍総裁が出席して、幹事長以下主な党役員の人事が諮られた。

さらに、副幹事長の総務会担当と国会対策副委員長の総務会担当、加えて総務会担当の事務局の職員が陪席する。職員は総務会室内の楕円形のテーブル席にはつくことはできず、壁を背にした席に座る。総務会室の四面の壁際には、三面に次に述べる傍聴する議員のための椅子が、一面に職員用の椅子がある。自民党は議員政党だけあって、職員用の席はパイプ椅子だが、議員用にはもっと上等の椅子が置かれている。ちなみに、職員は会議記録はとるが、総務会としての正式な議事録は存在しない(10)。議事録に残ることを意識して、議員の発言が萎縮するのを防ぐためである。

二〇一六年五月一六日に死去した堀内光雄元総務会長によれば、「総務会は自民党議員ならば誰でも室内に入って会議を傍聴できるし、誰もが番外発言と称する意見を述べることができる」（堀

内 二〇〇六：六〇)。福井（一九六九：一〇五）にも「総務会に出席して発言する権利は事実上自民党所属国会議員全員に認められており」と書かれている。総務会の開かれた有り様は自民党の伝統とみてよかろう。とはいえ、傍聴を希望する議員はあらかじめ総務会長にその旨を申し出るのが慣例になっている。また「番外発言」をする場合も、総務会長に事前通告しておくことが一般的である。それがなければ、総務会長は「番外発言」を無視する。

第2節　総務の構成と任期

総務二五名の選出枠別構成

二五名の総務はどのように選任されるのだろうか。党則三九条はそれを次のように定めている。

一　党所属の衆議院議員の公選による者　十一名
二　党所属の参議院議員の公選による者　八名
三　総裁の指名による者　六名

より具体的には、「一」に基づく「公選」は衆院の比例代表選出議員の選挙区ごとに置かれている一一のブロック両院議員会（党則七七条）によって選ばれる。たとえば、北海道の小選挙区と比例ブロックのいずれかで当選した衆院議員と参院北海道選挙区で当選した参院議員は、北海道のブロック両院議員会に所属する。各ブロック両院議員会が「公選」した総務が任期を迎えれば、そこで後任が「公選」されるのである。そこには、ブロック両院議員会長の判断が大きく作用する。以前であれば派閥の思惑が人選に強く反映され、「非地縁的派閥間の均衡の必要を充分考慮するものであることを見のがしてはならない」と指摘された〔福井 一九六九：一〇四〕。「二」は参議院執行部が選んでいる。「三」は実質的には、総裁、幹事長、総務会長の三人で指名する議員を選考する。総務就任を希望する議員は多く、「一」の枠で自分の所属するブロックから「公選」されなかった議員を救済することもある。とまれ注意すべきは、「一」と「二」には総裁以下の意向が及ばない制度設計になっている点だ。二〇一六年一月一三日時点での総務二五名を三つの選出枠別に示せば、**表1**〔次頁〕のとおりとなる。

総務それぞれの当選回数に注目すれば、当選回数二回の衆院議員三名を例外として、議員歴の長いベテランが総務に就いていることがわかる。

党則四〇条には、総務会の役職として、総務会長一名と副会長九名以内を置くと定められている。二〇一六年一月時点では、**表1**の備考欄に示したとおり副会長は七名で、衆院議員四名と参院議員三名という構成である。さらに同四〇条は「総務会長は、副会長のうちから総務会長代行一名と総務会長代理を指名することができる」とあり、衆参それぞれから一名ずつが会長代理に指名されている。

追記　本稿の二校校正中の二〇一六年八月三〇日に、同年八月三日の内閣改造・党役員人事を受けての新たな総務二五名が決まった。それまで空席だった会長代行に総務会長経験者の塩

表1 2016年1月13日時点での総務25名の選出枠別構成

選出枠	総務氏名	比例ブロック	当選回数	備考
一	武部　新	北海道	2	
	鈴木俊一	東北	8	会長代理(副会長)
	丹羽雄哉	北関東	12	
	平沢勝栄	東京	7	副会長
	櫻田義孝	南関東	6	
	山本　拓	北陸信越	7	
	島田佳和	東海	2	
	武村展英	近畿	2	
	逢沢一郎	中国	9	
	村上誠一郎	四国	10	
	野田　毅	九州	15	
二	岡田　広		3b	初当選は2003年の補欠選挙
	片山さつき		1b	副会長；衆院で1回当選
	金子原二郎		1b	衆院で5回当選
	木村義雄		1a	衆院で7回当選
	小坂憲次		1b	衆院で6回当選
	武見敬三		4a	副会長；3選（2012）は繰り上げ当選
	中川雅治		2b	会長代理(副会長)
	山本一太		4a	
三	二階俊博		11	会長・衆院議員
	今村雅弘		7	副会長・衆院議員
	衛藤征士郎		11	衆院議員；参院で1回当選
	金田勝年		3	副会長・衆院議員；参院で2回当選
	望月義夫		7	衆院議員
	山口俊一		9	衆院議員

（注）参院議員の当選回数のあとの「a」は任期前期（改選が次々回通常選挙)、「b」は任期後期（改選が次回通常選挙）を指す
（出典）自民党から提供された資料を参考に筆者作成。

谷立が就き、二名だった会長代理が一名（武見敬三）となった。衆院議員当選二回の総務が三名いるものの、ベテラン議員中心のメンバー構成は変わっていない。閣僚経験の豊富な石破茂と甘利明が新たに総務になったことが注目される。

総務会が「改革つぶしの元凶」

ベテランに偏した総務構成が問題となったのは、一九九三年の政治改革関連法案の取り扱いをめぐる党内抗争の際である。同年三月三一日に開かれた臨時総務会は、衆院への単純小選挙区制の導入を主眼とした政治改革関連四法案を党議決定した。ただし、「野党との話し合いなどで修正する場合は総務会などでの党内手続きを再度やり直す」などの条件がつけられた（一九九三年三月三一日付『朝日新聞』夕刊）。四月二日には自民党衆院議員二四人による議員立法として、これら四法案は衆院に提出された（薬師寺 二〇一四：五一）。

しかし、単純小選挙区制は野党が絶対に受け入れない案であり、これを押し通すことは選挙制度改革を事実上放棄することを意味していた。中選挙区制を維持したい議員にとっては、実現不可能ゆえに好都合な改革案だった。一方、竹下派から分裂した羽田派や若手議員は、野党と妥協してでも法案を成立させることを求めた。そこに立ちはだかったのが、総務会を牛耳る古参の議員たちだったのである。当時の総務三〇人の平均年齢は六五歳で、衆院議員の総務二二人の平均当選回数は実に七・八回に達していた。六月一一日の総務懇談会[11]で改革に与したのは三人のみであった

（一九九三年六月二二日付『アエラ』：六八）。

六月一四日夜、「政治改革を実現する若手議員の会」のメンバーが宮沢喜一首相の自宅を訪れ善処を要望した。だが、首相は「総務会は党の意思決定機関であり、軽く扱う訳にはいかない」として、総務会での党議決定を重視する考えを示すにとどまった。政治評論家の伊藤昌哉は「一番の勝利者は、自民党の党議決定は総裁でも覆し得ないと認めさせた佐藤孝行総務会長だと思う」と解説した（一九九三年六月一五日付『朝日新聞』）。

こうして迎えた六月一五日の総務会は、改革派の若手議員が総務会室前に押しかけ、入室しようとする総務に強引に説得を試みたため混乱をきわめた。この総務会で野党に対する譲歩は事実上行わないことが公式に確認された（六月一六日付『同』）。翌一六日の臨時総務会で、首相は三月の党議決定どおり政治改革関連四法案を衆院政治改革調査特別委員会で採決する方針を容認した（六月一七日付『同』）。当時は参院で野党が多数を占めており、仮に同法案が衆院で可決されても参院で否決されることは明らかだった。首相の意向は政治改革を頓挫させることと同義であった。

六月一八日に野党が提出した内閣不信任案に羽田派ら自民党議員も賛成票を投じて、事態は解散・総選挙になだれこんでいく。その結果、自民党は結党以来初の野党に転落し、五五年体制は崩壊する。

内閣不信任案に賛成票を投じたあと自民党を離党し、新党さきがけに移った梁瀬進衆院議員は、総務会が「改革つぶしの元凶」だったと強く批判する。「総務会は全会一致が慣例。過半数というだけでは意思決定できない。いまの自民党は改革などできない仕組みであることが痛いほどわかった」（一九九三年六月二〇日付『読売新聞』）。毎日新聞も六月一八日付社説で、「総務会は党の最高意思決定機関だが、今回の政治改革つぶしで見せた運営ぶりは、現在の自民党の守旧的体質を象徴的に表している」と書いた。

梁瀬がこきおろした総務会の全会一致の議決慣例については後述する。

政友会協議委員の選任原理を受け継ぐ

さて、上述のとおり、総務の定員は四〇→三〇→三一→二五と変化しているが、総務をこれら三つの選任枠を用いて選んできたことは一貫している。結党当初の党則二七条を引こう（村川一九九八：四一一）。

総務は、それぞれ次の各号に定める方法によって選任する。

一　党所属の衆議院議員による公選
二　党所属の参議院議員による公選
三　総裁の指名

このときは、それぞれの枠から何名とは定められていない。ただ、一九五五年一一月一七日に、三木武吉総裁代行委員、岸信介幹事長、および河野一郎農相が協議して、党則で四〇名と定められた総務の割振りを衆院議員三〇名、参院議員一〇名とすることが合意された（一九五五年一一月一八日付『朝日新聞』）。

その後、一九五七年二月八日には選任枠ごとの総務名簿が発表される。それによれば「一」は二〇名、「二」は一〇名、そして「三」が一〇名である。もちろん、当時は衆院の選挙制度は中選挙区制なので「比例ブロック」ごとの選任はありえない。「地区選出」として、北海道一名、東北二名、関東四名、信越二名、東海三名、近畿二名、中国・四国三名、九州三名が選ばれている。興味深いのは、総裁指名のうち九名は衆院議員だが一名を非議員(菅家喜六)としていることである(一九五七年二月八日付『朝日新聞』および『読売新聞』)。

一九六〇年七月一四日の党大会における党則の一部改正で、総務が三〇名へと減員されたとき、各選任枠の人数は「一」が一五名、「二」が七名、「三」が八名であった(自由民主党 二〇〇六：五〇)。「二」の地区選出の割り振りは、北海道一名、東北二名、関東三名、北信越一名、東海二名、近畿二名、中国一名、四国一名、九州二名となっている。また「三」は全員が衆院議員である(一九六〇年七月二二日付『読売新聞』夕刊)。

三〇名という定員のみならず、各選任枠の人数配分もずっと維持されていく。その規定が変更されるのは四〇年後の二〇〇〇年一月一九日の第六六回党大会においてである。党則の一部改正を行い、「一」を一四名、「二」を六名、「三」を一〇名とした。理由ははっきりしないが、参院側から「一」と「二」の人数配分を再調整してほしいとの要望があり、結局「三」を増員することで決着させたようである。その上、二〇〇一年三月一三日の党大会における党則の一部改正によって、「三」が一〇名から一一名に増員され、総務の定員は三一名となった。

すなわち、総務選任の特徴をまとめると、衆院議員の総務は地方単位で選ばれること、および、それとは別枠で総裁指名枠が設けられていることである。実はこの選任方法は政友会の協議委員のそれに由来している。遠く一九〇三年一二月の政友会党大会で採択された規定によれば、協議委員三〇名のうち二〇名は党所属衆院議員により地方別に互選され、一〇名は総裁が指名するとされていた（福井 一九六九：一五）。

その「伝統」は戦後も自由党系の政党に引き継がれ[12]、自民党もこれを採用するのである。

総務と兼職できないポスト

総務の定員が三一から二五へ削減された理由が、二〇〇九年総選挙での自民党大敗の結果であることはすでに述べた。兼職禁止の慣例から総務に就ける有資格者が払底してしまったのである。党、政府、および国会の表2に掲げた役職に就いている者は、慣例的に総務と兼職できない。直近では一六六名に及ぶ。これらのポストの者が仮に総務に就いたとしても総務会に物理的に出席できないか、あるいは「利益相反」になってしまうためだ。

ただし、国会の常任委員会の中にはあまり開催されない常任委員会がある。その委員長に就いている者は、総務会長が兼職を認めている。一方、表2〔次頁〕には挙がっていないが、衆参両院それぞれの議院運営委員会（議運）の理事は総務と兼職させないように配慮されている。というのも、議運の定例理事会は毎週火曜、木曜、金曜の一一時からであり、総務会が開催される曜日・時間と

表2　総務と兼職できないポストとその員数

	役 職 名	2016.4.1 時点の員数	備　　考
党	総裁	1	
	副総裁	1	空席の場合もある。
	幹事長	1	
	幹事長代行	1	
	幹事長代理	2	
	選挙対策委員長	1	
	副幹事長	18	
	人事局長	1	
	経理局長	1	
	国際局長	1	
	情報調査局長	1	
	政調会長	1	
	政調会長代行	1	
	政調会長代理	6	
	政調副会長	8	
	部会長	13	
	組織運動本部長	1	
	団体総局長	1	
	広報本部長	1	
	国対委員長	1	
	財務委員長	1	
	党紀委員長	1	
	両院議員総会長	1	
	衆議院議員総会長	1	
	人事委員長	1	
	小計	67	
政府	大臣	18	首相は数えていない。
	副大臣	22	
	大臣政務官	24	
	小計	64	
国会	衆）常任委員長	13	
	衆）特別委員長	8	
	参）常任委員長	9	
	参）特別委員長	5	
	小計	35	
	合計	166	

（出典）自民党および衆議院・参議院の HP。

重なっているためだ。

党則八〇条一項は「役員の任期は、総裁については三年とし、その他はすべて一年とする」と定める。もちろん総務も役員である。自民党所属の国会議員は政府のポストに就く者を除く全員が、党のいずれかの役員に就く。そして同条五項は「総裁が新たに選任された場合は、第一項の規定にかかわらず、役員の任期は、終了するものとする」となっている。従って、新総裁が誕生すれば、表2の党役員の入れ替えが行われ、それに連動して総務の顔ぶれも変わる。あるいは、新内閣が発足する、ないしは内閣改造が行われれば政府のポストに就く議員は当然変わるので、やはり総務の構成に影響が出る。さらに国会会期ごとに常任委員長・特別委員長は交代する。これによっても総務について異動が生じる。

総務は入れ替えが頻繁に起こるポストなのである。

総務の実際の任期

上記の党則八〇条一項に則れば、総務の任期は一年である。ところが実際は党内事情により、ぴたり一年の任期になるほうが珍しい。過去六年間の総務の任期は表3〔次頁〕のとおりである。

この表で明らかなように、総務が不在の期間が存在する。二〇一二年九月二七日から同年一〇月一五日および二〇一五年九月二五日から同年一〇月二六日である。この空白期間はどのように対処するのか。たとえば、二〇一五年一〇月七日午後に安倍首相は第三次内閣の改造を行った。同日午前中に臨時総務会が開かれ、首相は幹事長以下の執行部人事を固めた後に内閣改造に着手した。しかし、表3にあるとおり、九月二四日で総務の任期は終わっている。

するとと適用されるのが次の党則八一条である。「役員は、その任期が満了又は終了した後でもそれぞれの手続を経て後任者が決定するまでは、引き続きその職に在るものとする」。この規定によって、一〇月七日の臨時総務会には前総務が出席した。

二〇一二年九月二六日は自民党総裁選が行われ、谷垣禎一総裁に代わって安倍が総裁に選出された。先に引いた党則八〇条五項に沿って、総務の任期もここで終了した。ではなぜ新総務の選任までこのときは二〇日もかかったのか。

総裁が代われば、幹事長以下主要な役員も交代する。上述の総務と兼職できない役職にも異動が生じる。これらをすべて整えたあと総務の人選に入るので時間がかかるのである。二〇一五年一〇月七日の内閣改造のあと新総務が選任されるまでやはり二〇日かかっているのも、同様の理由による。

また、二〇一二年一〇月一六日に選任された総務は、三か月弱の任期しかなかった。同年一二月一六日の総選挙で自民党は大勝

表3　直近6年間の総務の任期

着任	離任	任期
2011年10月14日（金）	2012年9月26日（水）	11か月と23日
2012年10月16日（火）	2013年1月10日（木）	2か月と26日
2013年1月10日（木）	2013年10月15日（火）	10か月と6日
2013年10月15日（火）	2014年9月19日（金）	11か月と5日
2014年9月19日（金）	2015年9月24日（木）	1年と6日
2015年10月27日（火）	2016年8月30日（火）	10か月と3日
2016年8月30日（火）		

（出典）自民党から提供された資料を参考に筆者作成。

した。新首相を指名するための特別国会の召集日は一二月二六日であった。その前日に臨時総務会が開かれ、幹事長以下の主要な役員が選任された。翌日組閣がなされ、総務と兼職できない役職も順次決めていって、翌年一月一〇日に臨時総務会が開かれ、留任と新任の総務が補された。従って、前年一〇月選任の総務の在任期間は三か月ほどしかなかった。

ただし、党則八〇条六項に「総裁以外の役員の任期については、その補欠の場合には、前任者の残任期間とし」とある。一月に補された総務の任期は、「前任者」が選任された二〇一二年一〇月一六日から一年後の二〇一三年一〇月一五日までの残任期間にあたる一〇か月あまりとなった。

二〇一四年九月一九日と二〇一六年八月三〇日で一年を満たさずに任期が区切られたのは、二〇一四年九月三日と二〇一六年八月三日にそれぞれ内閣改造と党役員人事が行われたためである。

二〇一五年九月二四日は両院議員総会が開かれた日である。九月八日の自民党総裁選において無投票で再選された安倍総裁を、そこで正式に決定する手続きがとられた。上記党則八〇条五項に則り、総務の任期もこの日をもって終了した。すでにこの時点で一年の任期を超えていたが、後任の総務がすぐに選任されなかったのは、上述の一〇月七日の内閣改造と党役員人事を待っていたからである。

食い違う総務会長と総務の着任期日

もちろん、総務会長も役員であるから任期は一年である。党則第四〇条五項に「総務会長及び副会長は、総務会において互選する」とある。なので、総務会長は総務でなければならず、かつ総務によって互選される。

現職の細田博之総務会長は二〇一六年八月三日（水）午前の臨時総務会で「総裁の指名による者」の選任枠で総務となり、同時に総務会長に互選された。同日午後の第三次安倍内閣の再改造に先立つ人事である。臨時総務会でのその諮り方はおおよそ次の手順となる。招集者および議長は細田の前任の二階俊博である。二階の議事進行の下、総裁が細田を二階に代わる総務に指名し、二階の後任の総務会長に推薦する。二階が「総裁による総務会長のご推薦にご異議ございませんか」と出席総務に諮る。異議なしとなり細田が総務会長に「互選」され、二階が総務会長席から退席して細田がそこに座る。このように、新旧総務会長の離着任の日付は同日となる。また、このような段取りで決められるので、総務会長は必ず「総裁の指名による者」の選任枠で総務に就く。

片や総務は既述のとおり、党、政府、および国会の総務と兼職できない役職が固まってからでないと決められない。ゆえに、平の総務の着任期日は総務会長のそれからはどうしても遅れることになる[13]。すなわち、総務会長は自分を「互選」した総務とは異なる総務を率いて、総務会を運営せざるを得ない。もちろん、留任する総務もいるが[14]。総務会長の民主的正当性の点で問題がないとはいえまい。

第3節　総務会の機能

繰り返し、党則三八条を引けば「総務会は、党の運営及び国会活動に関する重要事項を審議決定する」とある。ここに総務会の機能が端的に謳われている。以下、それぞれについてみていく。ちなみに、自民党結党当初はこの規定は二六条に置かれていた(15)。その後の党則改正で条数に変更はあったものの、この文言自体は結党以来変わっていない。

党の運営に関する重要事項

党運営の要は幹部人事である。これに対して総務会に与えられている権限は強い。自民党の執行機関の一つに役員会がある。党則二五条二項によれば、役員会は次の八名によって構成される。

総裁、副総裁、幹事長、総務会長、政務調査会長、選挙対策委員長、参議院議員総会長、参議院幹事長

中でも、幹事長、総務会長、政調会長、および選対委員長を党四役という。幹事長、政調会長、および選対委員長は「総務会の承認を受けて、総裁が決定する」(同九条、四六条、五三条七項)。一方、総務会長は総務会で互選される。つまり、党則上は総務会長の決定権は総裁にはない(16)。総裁は意中の総務会長候補者を総務会に推薦するのみである。幹事長、政調会長、および選対委員長についても、総務会が承認しなければ、総裁は決定できない。

他の要職についてみれば、組織運動本部長と広報本部長は上述の党四役と同じ選任手続きを経る(同一七条、二一条)。幹事長代行と国対委員長については、「総務会の承認を受けて、幹事長が決定

表4　内閣発足に先立って開催された臨時総務会

内閣	臨時総務会	組閣本部設置
第二次安倍内閣	2012.12.25　15時	2012.12.26　16時47分
第二次安倍改造内閣	2014.9.3　10時5分	同日13時41分
第三次安倍内閣		2014.12.24　16時25分
第三次安倍改造内閣	2015.10.7　10時32分	同日　13時44分
第三次安倍再改造内閣	2016.8.3　9時33分	同日　14時35分

（注）第三次安倍内閣発足時には党役員人事が行われなかった。
（出典）新聞各紙。

表5　総務会が担う「党の運営に関する重要事項」（幹部人事の承認を除く）

総務会での手続き方法	事項（根拠党則等条文）
総務会の議を経るもの	党大会開催の決定（28条）、総合政策研究所長（49条2項）・顧問（69条）・参与（72条）・党友（74条）・賛助員（76条）の委嘱、党則79条機関の設置、表彰（91条）、賞罰（93条）、党費の額の決定（96条）、総裁選の施行期日の決定（総裁公選規程8条）
総務会の議に付するもの	党紀処分不服者の再審査請求に相当の理由があると認めるか否か（党規律規約2条5項）
総務会に報告し、その決定を経るもの	政調会において決定した政策に関する事項（45条5項）

する」（同一〇条、二四条二項）。

要するに、「総務会の承認」がなければ、党の幹部人事は進まないのである。そこで、新内閣発足や内閣改造とそれに連動する党役員人事が行われるときは、まず総裁出席の下、臨時総務会が開催される。たとえば、第二次安倍内閣、第二次安倍改造内閣、第三次安倍改造内閣および第三次安倍改造再内閣発足に先立って、表４のように臨時総務会が開催された。

幹部人事の承認以外に、総務会が担う「党の運営に関する重要事項」は、党則などによれば表５のとおりである。

国会活動に関する重要事項

自民党が政策を議案として国会に提出するには「政務調査会の議を経なければならない」（同四二条二項）。まず政策の立案は、政調会に置かれる各部会で行われる。各部会から出される政策案は、これも政調会に設けられている政調審議会で審議決定される（同四五条一項）。そして、「政調審議会において決定した政策に関する事項は、速やかに総務会に報告しその決定を経なければならない」（同四五条五項）。

この「速やかに」は、政調審議会の定例開催曜日・時刻が毎週火曜と木曜の一〇時であることによって担保される。火曜日の政調審議会で決定した政策は直後の同日一一時から開催される総務会に、木曜日の場合は翌金曜日の総務会にかけられる。ここで法案を説明するのは政調審議会にその法案を上げた政調部会の部会長である。部会長には衆院議員であればほぼ当選三回の若手議員が就く。農林部会長の小泉進次郎衆院議員も当選三回である。説明の巧拙で総務を務める古手の議員からの評価が決まる。そのチャンスを活かして政治的階梯を昇ろうと、彼らは「説明語句の一語一語を吟味」(村川 一九八九：二七九)して自らの力量をアピールするのである。

総務会で了承されれば「党内手続きを経た」ことになり、法案は閣議にかけられ閣議決定を経たのち国会に提出される。総務会の了承により、自民党所属国会議員は党議拘束をかけられ、自らの信条に反した法案でも国会では「採決マシーン」に徹するほかない。もし採決時に「党議にそむく行為」を冒せば、党規律規約に基づく処分を受ける(党則九二条)。

最近の例では、安保法制を構成する一一法案は、二〇一五年五月一一日(月)の関連部会、一二日(火)一〇時からの政調審議会で決定をみたあと、ただちに同日一一時からの総務会で「審議決定」された。これを受けて、五月一四日に閣議決定、翌日に国会提出という運びとなった。この法案が衆院本会議で採決されたのは七月一六日である。かねてより、党内にあって同法案への反対を表明していた村上誠一郎衆院議員は、この本会議を「五年前に手術した右ひざが前日から悪化し、二～三日静養するよう医者から指示されたため」との欠席届を提出して欠席した(二〇一五年七月一七日付『朝日新聞』)。

一方、政調審議会で決定された法案でも、総務会で了承が得られなければ慣例的に閣議には上げられず、政調審議会へ差し戻される。「丁度、「最高裁判所と下級裁判所」の関係と同じく、政務調査会に案件を差し戻し、改めて調整を求める」（村川 二〇〇〇：五四）。「重要法案となると総務会の段階でもいろいろな意見が出てきて、政審に差し戻すもの、修正を加えて再提出させるものもある」（堀内 二〇〇六：五七）。総務会が自民党による法案や予算などの事前審査制[17]の最終関門なのである。

たとえば、一九八〇年に当時の大平正芳政権が、「家庭の日」という祝日を六月第一土曜日に設ける意向を示した。すでに大平は前年の総裁選で「家庭基盤の充実」を公約の一つとして掲げていた。四月九日には党内の「家庭基盤充実特別委員会」と内閣部会の合同会議は、「家庭の日」を創設する祝日法改正案の国会提出を目指すことを決めた。四月一二日付『毎日新聞』には「家庭の日六月第一土曜に」との大見出しが躍った。それでも、総務会は野党の強い反対を理由に政調審議会に差し戻した（村川 一九八九：二七八）。結局、五月八日の政調審議会は同改正案を「政調会長預かり」とし、国会提出を事実上断念した（一九八〇年五月九日付『毎日新聞』）。

第４節　総務会の議決方法

全会一致の「良識」

党則四一条は「総務会の議事は、出席者の過半数で決し、可否同数のときは、議長の決するところによる」と定める。とはいえ、実際には全会一致を慣例としてきた。その理由について、二〇〇一年から二〇〇四年まで総務会長を務めた上記の堀内はこう説明する。

「自民党総務会は、多様な意見を持つ議員の意見を集約する場であり、政権を支える与党の最高意思決定機関であるから、異論が続出しても最後には全会一致の原則を守ってきた。これは、国民政党としての自民党が約四十年にわたって維持してきた良識であり、議院内閣制のわが国の政治が安定していた基盤である」（堀内 二〇〇六：五五）。

なおその中には、議決に際してある総務が「反対」と繰り返し発言し、ついには沈黙してしまったことをもって、全会一致とみなしているケースもある。いずれにせよ、堀内によれば、総務会での議決を全会一致とする原則は一九六二年の赤城宗徳総務会長時代からとのことである。その意義について堀内は、「①時間をかけても、努力して反対者をなくすこと／②党を割らないために最大限の努力をすること」の二点を挙げている（同：五八）。しかし、先に述べた政治改革関連法案をめぐる混乱にあっては、皮肉なことにこの議決慣例が旧弊とみなされ、「改革派」は離党した。

前出の鈴木は総務会長在任中、総務会で採決に至ったのは二回のみだったという。一つ目は沖縄の国政参加選挙をめぐるものだった。一九六九年一一月二一日の佐藤栄作首相とニクソン米大統領による共同声明で、一九七二年に沖縄の施政権がアメリカから日本に返還されることが確認された。国会内では、返還が事実上決まったことから、沖縄返還協定の批准前でも沖縄代表の国政参加を可能にすべきだとの気運が生まれた。対して、自民党内には批准ののちとするのが筋だとの「正論」も唱えられた。

そこで鈴木総務会長は結論を急がず、衆参それぞれの法制局長と内閣法制局長官からなる三長官会議を設けて検討させた。「そうしたら、国会でこれを認めれば憲法上許されるという結論がでた。そこで私は総務会に三長官会議の結論を報告して、国会承認すれば違法ではない。（略）憲法上疑義がないんだから、これは国政参加を認めるべきだと、我党はこれを支持しようということで採決した。満場一致でしたね」（鈴木 一九九一：一六三―一六四）。

二つ目は、一九七二年の日中共同声明に基づき一九七四年四月二〇日に北京で署名された日中航空協定の国会承認の問題である。これに党内の親台派議員が猛反発した。鈴木は「徹底的に論議を尽くしてもらう」方針を堅持した。「とうとう、〔親台派の〕藤尾君も玉置君も音を上げてね、私のところへみえて、「我々は反対は崩しませんが（略）我々が席を立つから、その時、総務会は採決なり何なり結論を出して下さい」と（略）。そして、その両君に自発的に総務会の席をはずしてもらって、満場一致というかたちで日中航空協定を党議決定した」（同：一六五―一六六）。

藤尾と玉置は総務会の全会一致の議決慣例を尊重して気を利かせたのである。途中退席を想定しているため、総務会の定足数は設定できない。

異例の挙手採決

ところが、二〇〇五年六月二八日の総務会で、この慣例がついに破られた。久間章生総務会長が郵政民営化関連法案の修正案をめぐって、挙手による多数決採決に踏み切ったのである。その総務会を閉じるにあたって、久間は「なお総務会として決定をしましたので、衆議院の修正だけでなく、本会議においても、参議院も含めて党議拘束されますので」と念押しした（堀内 二〇〇六：一一二）。ただ、堀内は「挙手の数は数えておらず、採決に際し、賛成何名、反対何名とははっきり表明できなかった」と指摘する（同：一一三）。

のちの衆院本会議採決で郵政民営化法案に反対票を投じて離党を余儀なくされる野田聖子衆院議員は、当時総務ではなかったが、この総務会を傍聴していた。翌年に、野田は自民党に復党し二〇一二年一二月には総務会長に就いた。その在職中の二〇一三年五月に、ウェブ版「ハフィントン・ポスト」のブログに、「総務会長という仕事」と題して、上述の異例の採決について書いている。「賛成派からも多数が動員されて、多くの人たちが参加していました。そして採決になったときのこと。忘れもしません。まだ多くの意見が出ていたのに、当時の久間章生総務会長が議論を打ち切って採決を強行。怒号の飛び交うなか、総務会のメンバーでもない人たちが「賛成」と手を挙げて、「賛成多数」とされて法案は総務会を通ったことになりました。（略）党をまとめる役目の総務会長としては、あのときはああするしかなかったのかもしれません。でも、正当な手続きだったのか？／そう思って、長らく総務会を担当する自民党の事務方に聞いてみました。すると、「たとえ少数でも総務会長が『多数』といえば、多数となる」のだそうです」(18)

これ以降は挙手採決はなく、従来の議決方式が続いてきた。だが、例外は一度限りとはならなかった。前出の安保法制を構成する一一法案が了承された二〇一五年五月一二日の総務会で、一〇年ぶりに挙手採決が行われたのである。村上誠一郎総務は反対を主張したが、採決前に途中退席したため「全会一致」となった。二階総務会長は挙手採決とした意図について、「賛成か反対かわからずその場にいたというのでは困る」と述べた（二〇一五年五月一三日付『日本経済新聞』）。

むすび

二〇一六年二月一日に死去した政治学者の京極純一は、名著『日本の政治』の中で日本型意思決定の特徴を「和の方式」とよんでいる。そこにおいては、「決定に関する伝統的な制度において、成員全員に平等な参加資格があり（参加の政治）、また、全員が拒否権をもつ（全員一致）上に、票決を用いて、対立ないし多数派少数派分化を、成員の眼に見えるように、表示することは、できる限り、回避すべきこととされている」（京極 一九八三：二〇八）。

まさに自民党総務会そのものである。京極の次の記述も、総務会をめぐる党内文化を言い当てていよう。「〔票決によって〕集合体なり集団のなかに「シコリが残る」ことは避けがたい。したがって、「和」を尊重する人々は根回し（事前工作）による対決の回避に熱心となる」（同：二一〇）。

決定の要所に全会一致が議決慣例の総務会を必ず置くことで、党内政治の「和の方式」が確保されているのである。自民党総務会の本質を一言にまとめれば、「和の方式」の維持装置となるのではないか。執行部が「和」の党運営を行うためには、だれが総務になるかは大きくかかわる。上述の選出枠「一」と「二」からの総務の「公選」には、執行部は制度的に影響力を及ぼし得ないだけに、総務会長の手腕が問われる。「和の政治」を政治理念とする鈴木だからこそ、その職務を九期も成し遂げられたのだろう。[19]

ところで、歴代の総務就任者のリストをみると、特定の議員が何期も総務を務めている。[20]「総務族」とでもよぶべきか。次の課題はその精査である。

〈注〉

(1) 本稿は拙稿「自民党総務会とはなにか」『フラタニティ』第二号（二〇一六）一四―一九頁を大幅に加筆したものである。

(2) たとえば、北岡伸一（一九九五）『自民党―政権党の38年』読売新聞社は前者の代表的な研究といえる。最近では、中北浩爾（二〇一四）『自民党政治の変容』NHKブックスが出されている。一方、後者の古典的な研究に福井治弘（一九六九）『自由民主党の政策決定』福村出版がある。加えて、佐藤誠三郎・松崎哲久（一九八六）『自民党政権』中央公論社、および村川一郎（一九八九）『自民党の政策決定システム』教育社などがある。

(3) 政務調査会を取り上げたものに、日本経済新聞社編（一九八三）『自民党政調会』日本経済新聞社が、青年局に注目したものに、常井健一（二〇一四）『誰も書かなかった自民党　総理の登竜門「青年局」の研究』新潮新書がある。奥健太郎・河野康子編著（二〇一五）『自民党政治の源流　事前審査制の史的検証』吉田書店の各章には、総務会（第三章・小宮京）、政務調査会（第五章・奥健太郎）、

	総　裁	総務会長在任期間	在任日数
Ⅰ	佐藤栄作	1968. 12. 1 ～ 1970. 1. 12	408
Ⅱ	佐藤栄作	1970. 1. 12 ～ 1970. 10. 29	〔291〕
Ⅲ	佐藤栄作	1970. 10. 29 ～ 1971. 7. 5	250
Ⅳ	田中角栄	1971. 7. 6 ～ 1972. 12. 23	171
Ⅴ	田中角栄	1972. 12. 23 ～ 1973. 7. 6	196
Ⅵ	田中角栄	1973. 7. 6 ～ 1973. 11. 25	143
Ⅶ	田中角栄	1973. 11. 25 ～ 1974. 11. 11	352
Ⅷ	田中角栄	1974. 11. 11 ～ 1974. 12. 9	29
Ⅸ	大平正芳	1979. 11. 16 ～ 1980. 7. 15	243
			合計〔2077〕

注）離着任日が同日の場合、合計の際に重複カウントはしていないので、最下段の合計と在任日数各セルの合計とは日数が合わない。

（出典）鈴木（1991）巻末の「鈴木善幸関係年譜」および自由民主党（2006：1982―2038）に基づき筆者作成。

外交調査会（第六章・河野康子）に関する政治史的分析が収められている。幹事長ポストないしは幹事長室については、宮崎吉政（一九八一）『No,2の人　自民党幹事長』講談社、浅川博忠（二〇〇二）『自民党幹事長というお仕事』亜紀書房、さらには奥島貞雄（二〇〇二）『自民党幹事長室の30年』中央公論新社がある。

(4)　鈴木善幸の九期におよぶ総務会長歴は〔上〕のとおりである。

(5)　自民党総務会については、現職あるいは元職の総務会長へのインタビュー記事は数多く存在するが、総務会それ自体を論じたものはきわめて少ない。『選択』一九九七年一一月号に掲載された無署名記事「日本のサンクチュアリシリーズ二七八　自民党総務会――政権の安定度をはかるバロメーター――」がある。また、村川一郎（二〇〇〇）『政策決定過程』信山社の第Ⅰ部第三章が「総務会」と題され、その沿革、組織、および運営を検討している（同：四五―五八）。最近では、小宮京「総務会に関する一考察――一九五三（昭和二八）年の警察法改正を中心に――」（前掲、奥・河野編著（二〇一五）所収）が出され、自民党総務会の機能がその前身政党の中でいかに整えられ、自民党に受け継がれていったかを考察した。また、福井（一九六九）には四頁（一〇二―一〇六）にわたって、村川（一九八九）には九頁（一一九―一二六、二二七―二七九）にわたって、自民党総務会に関する記述がある。

(6) 文中で総務会に関する典拠のない記述は、ソースを伏せることを条件として私が得た情報に基づいている。従って、お名前を明かすことはできないが、情報提供にご協力いただいた方々に感謝申し上げる。

(7) この開催曜日は自民党の単独政権時代から変わっていない（村川 一九九七：一一七）。

(8) これについての経緯は次のとおりである。一九六〇年六月、新安保条約批准書の交換・発効をもって、岸信介首相の退陣表明が既定路線となると、川島正次郎幹事長らは党則を改正して、新総裁を公選する方針を固める。総務会についても、少数精鋭主義による機能強化が目指された（一九六〇年六月二一日付『読売新聞』）。船田中政調会長を委員長とする党則改正特別委員会が設置され、七月六日には改正案要綱が同委員会で了承された。総務の定員は半減の二〇名とされたが、現行どおりを求める意見もあるので対応を総務会に一任した（七月七日付『同』）。総務会は三〇人とすることでまとまり、七月一二日の総務会でそれを決定する（七月一二日付『同』夕刊）。それが、七月一三日から開かれる党大会に提出された。

(9) この増員の背景には、どうしても総務になりたいと求めるある議員のわがままを執行部が聞き入れざるを得なかったという属人的理由もあった。

⑽　堀内（二〇〇六：六）には「本書は、いままで表に出たことのない自民党総務会議事録をもとに、小泉首相の政治運営の問題点と大義のない郵政選挙に突入した流れを明らかにし」とある。しかし、この「議事録」はないことになっている非公式のものである。

⑾　正規の総務会との違いは議決をとらないことである。

⑿　日本自由党党則：

第四条　総務委員ハ党所属代議士十名（五捨《ママ》六入《ママ》）ニ付一名ノ割合ヲ以テ地方別ニ代議士中ヨリ単記無記名投票ヲ以テ選挙ス但シ総裁ノ指名ニヨリ広ク党員中ヨリ十名ヲ置ク

自由党党則（改正）：

第二十二条　総裁の選任は、次の各号による。

一、各地区別（別表）所属代議士二十名（九捨十入）につき一名の割合によって、単記無記名投票で、各地区別（別表）に、互選する。

二、所属参議院議員のうちから、単記無記名投票で、議員十名（四捨五入）につき一名の割合によって、互選する。

三、総裁は、その指名によって、所属国会議員又は国会議員以外の党員のうちから、十名に限り選任することができる。

改進党系でも自民党の前身となった日本民主党の場合、党則三二条で総裁が総務を推薦できる規定を置いていた。「党総務は其の定数を二十名とし、内十二名を両院議員総会に於て公選し、内八名を総裁の推薦により両院議員総会に於て決定する。」（村川　一九九八：三六一、三六七、三九九—四〇〇）。

⒀　直近六人の総務会長の離着任期日とその下での総務の着任期日は次のとおりである。

総務会長	着任日	離任日	総務着任日	備考
小池百合子	2010.9.9	2011.9.30	2010.10.5	
塩谷立	2011.9.30	2012.9.28	2011.10.14	
細田博之	2012.9.28	2012.12.25	2012.10.16	
野田聖子	2012.12.25	2013.9.17	2013.1.10	2012.12.26 第二次安倍内閣発足
野田聖子	2013.9.17	2014.9.3	2013.10.15	留任
二階俊博	2014.9.3	2015.10.7	2014.9.19	2014.9.3 第二次安倍改造内閣発足
二階俊博	2015.10.7	2016.8.3	2015.10.27	留任：2015.10.7 第三次安倍改造内閣発足
細田博之	2016.8.3		2016.8.30	2016.8.3 第三次安倍再改造内閣発足

（出典）新聞各紙および自民党から提供された資料に基づき筆者作成。

⒁　二〇一六年八月三〇日に着任した二五名の新総務のうち、留任者は一〇名である。

⒂　戦前の保守政党においては、総務会（総務委員会）は議決機関であると同時に執行機関でもあり、党運営の要の位置を占めていた。戦後もこの性質は受け継がれ、中でも自由党系にあっては吉田茂総裁が党運営に当たって、総務会の存在に手を焼いた。吉田は総務会の力を徐々に削ぐことで、自らのリーダーシップの確立を図った。自民党結党二年前の一九五三年九月の自由党党則改正では

「総務会は決議機関として、党の政策、人事及び会計その他重要事項を審議する」（一二条）とされ、総務会は議決機関へと「形骸化」した（奥・河野編著 二〇一五：一一九—一二〇）。そして、自民党が党則で総務会についてこの規定を設けたことで、「総務会の権限が確定した」（同：一四三）。

(16) 自民党の二つの前身政党でもこの点は同じであった。自由党は党則（改正）二二条で「総務会長は、総務の三分の二以上出席した総務会で、無記名投票により、決定する」と定めていた。一方、日本民主党の党則三三条は「総務会長、副会長は総務会に於て互選する」となっている（村川一九九八：三六七、四〇〇）。

(17) 奥・河野編著（二〇一五）によれば、「事前審査とは、内閣が国会に予算・法案等を提出するにあたり、閣議決定前に自民党が審査する手続きである。（略）自民党の了承がない限り閣議決定できない慣習が成立している。自民党政権のなかで慣習として定着し、制度として機能するようになったこの手続きを、本書は事前審査制と定義する」（同：二）。その起点は一九六二年二月二三日付で当時の赤城宗徳総務会長が大平正芳官房長官に送った次の書簡とするのが、「通説」である。「法案審議について／一月二三日の総務会に於て法案審議に関し左記の通り再確認致したので御了承を願い度い／記／一、各法案提出の場合は閣議決定に先だって総務会に御連絡を願い度い　尚政府提出の各法案については総務会に於て修正することのあり得るにつき御了承を願いたい」（奥 二〇一四：四八）

これに対して、奥（二〇一四）は『政調週報』のデータを検証することで、事前審査制の起点は自民党結党のほぼ一か月後に召集された第二四回国会（会期：一九五五年一二月二〇日～一九五六年六月三日）であったと結論づけている。上記のいわゆる赤城書簡はそれに総務会の了承を加えたものであって、事前審査制の起点ではなく「制度化の最終局面を意味する文書」だという（同：七四）。さらに小宮は、総務会の議事手続きを確認した一九六三年一月二四日の総務会申し合わせの存在を指摘して、赤城書簡の一年後でもまだ総務会の議事手続きが不徹底であったことが「推察可能」と述べている（奥・河野編著 二〇一五：一四四）。

(18) http://www.huffingtonpost.jp/seiko-noda/post_4852_b_3323853.html（最終閲覧日：二〇一六年八月一〇日）。

(19) 二〇一六年八月三〇日に了承された新総務に石破や、現金授受問題で閣僚を辞任した甘利が就いたことについて、細田総務会長は「衆院議員は11の地区ブロックでの協議に基づき選出するのが慣例だ」と述べた（二〇一六年八月三一日付『朝日新聞』）。執行部は人選に関与できないことを強調している。ただ党内には、甘利の起用について、甘利と親密な安倍の内意が忖度されたのではとの観測もあった（同日付『毎日新聞』）。

(20) 自民党から提供された総務就任者リストのうち、二〇一〇年一月二二日から二〇一五年一一月一八日までの総務就任者に限ってみれば、この間に三期以上総務に就任した者は以下のとおりである〔次頁〕。

その後、二〇一六年八月三〇日に行われた新たな総務の決定で、野田、村上、衛藤、岡田、木村、金子原二郎は再任され、就任期数を一つずつ増やした。

期数	氏名	備考
八	野田毅	2015年9月25日の1日だけの就任も含む。
五	小坂憲次、村上誠一郎	
四	衛藤征士郎、岡田広、木村義雄	
三	愛知治郎、大島理森、大野功統、加藤紘一、金子一義、金子原二郎、山東昭子、高村正彦、二階俊博、望月義夫	

〈引用・参考文献〉

浅野一郎・河野久編著（二〇一四）『新・国会事典　第3版』有斐閣。

奥健太郎（二〇一四）「事前審査制の起点と定着に関する一考察　自民党結党前後の政務調査会」『法学研究』八七巻一号。

奥健太郎・河野康子編著（二〇一五）『自民党政治の源流　事前審査制の史的検証』吉田書店。

東根千万億（二〇〇四）『等しからざるを憂える。元首相鈴木善幸回顧録』岩手日報社。

京極純一（一九八三）『日本の政治』東大出版会。

自由民主党編纂（二〇〇六）『自由民主党五十年史　資料編』自由民主党。

鈴木善幸〔述〕（一九九一）『元総理鈴木善幸 激動の日本政治を語る　戦後40年の検証』岩手放送。

中北浩爾（二〇一四）『自民党政治の変容』ＮＨＫブックス。

福井治弘（一九六九）『自由民主党の政策決定』福村出版。

堀内光雄（二〇〇六）『自民党は殺された！』WAC。

村川一郎（一九八九）『自民党の政策決定システム』教育社。

――――（一九九七）「自由民主党の政策決定過程の軌跡――形式的政府から実質的政府への変容――」中村睦男・前田英昭編『立法過程の研究――立法における政府の役割――』信山社。

――――（二〇〇〇）『政策決定過程　日本国の形式的政府と実質的政府』信山社。

――――編著（一九九八）『日本政党史辞典　上』国書刊行会。

薬師寺克行（二〇一四）『現代日本政治史　政治改革と政権交代』有斐閣。


〈本書収録時の追記〉

本稿刊行後の総務会長は次のとおりである。二〇一七年八月三日～竹下亘⇩二〇一八年一〇月二日～加藤勝信⇩二〇一九年九月一一日～鈴木俊一⇩二〇二〇年九月一五日～佐藤勉⇩二〇二一年一〇月一日～福田達夫⇩二〇二二年八月一〇日～遠藤利明。鈴木俊一の父親は鈴木善幸であり、親子で総務会長となった。また、福田達夫は福田康夫の長男である。当時衆議院議員当選三回で総務会長としては異例の抜擢であった。

一方、本稿では総務会の了承が見送られた例として、一九八〇年の「家庭の日」創設のための祝日法改正案を紹介した。それから四〇年以上も経った二〇二一年五月に同様の事態が生じた。LGBTなど性的少数者をめぐる「理解増進」法案（LGBT法案）が同年五月二七日に政調審議会で了承され、翌日の総務会に諮られた。しかし「なかなか全会一致という方向が見いだせなかった」（遠藤総務会長）ため了承されなかった。保守派の総務が抵抗したのである。結局通常国会への提出は断念され、その後はお蔵入りとなった。

ところが、二〇二三年二月の首相秘書官による性的マイノリティへの差別発言をきっかけに党内での議論が再開された。二月八日の衆議院予算委員会では、岸田首相が法案提出を目指している旨答弁した。ただ、いまだに提出されていない。

加えて、本稿は村上誠一郎の総務会での安保法案採決直前の勇気ある反対表明について記している。その後二〇二〇年九月に村上は通算一〇期務めた総務を退く。翌年六月九日配信のＹｏｕＴｕｂｅ「デモクラシータイムス【山田厚史のここが聞きたい】」に出演した。そこで村上は、総務在任中は週末に各省庁から資料を取り寄せて翌週の総務会の予習をしたが、いまは総務会の机上にｉＰａｄが配られるだけだと嘆いている。二〇二二年九月には総務に復帰し、さっそく安倍元首相の国葬実施などについて懸念を述べた。だが、村上は安倍元首相を「国賊」と表現した件で党紀委員会にかけられ、一年間の役職停止処分を科され総務を外れた。

第2章　なぜ自民党は選挙に「強い」のか
――政権維持自己目的化政党の論理的帰結

自由民主党（以下、自民党）は一九五五年一一月の結党以来、二度の下野を経験した以外は一貫して政権党の座にあった。そして、二〇一五年一一月には結党六〇年を迎える。これだけ長期にわたって一つの政党が政権を担い続けている国は、選挙による政権交代が可能なしくみが保障されている国々のなかでは珍しい。なぜ自民党はこれほどまでに選挙に「強い」のか。本稿ではその理由を探っていきたい。

第1節　「強さ」を数字で確認する

絶対的敗北は一度だけ

なぜ自民党は政権党であり続けられるのか。煎じ詰めれば、それは自民党が国政選挙、わけても衆院総選挙で負けないからにほかならない。それを数字で確認しよう。次〔々〕頁表1は、自民党結党から今日までの総選挙における自民党の獲得議席などを示したものである。

自民党が結党以来戦った二〇回の総選挙のうち、過半数の議席を獲得できなかったのは、八回ある（回次を太字にした総選挙）。これらのうち、第三四回総選挙では結党以来はじめて公認候補だけでは過半数に達せず、選挙後に保守系無所属議員を追加公認することで単独過半数を確保した。第三五回も同様のやり方で急場をしのいだ。第三七回では新自由クラブと連立を組むことで政権を維持した。

第四〇回では大きく過半数を割り込んだ。しかし、総選挙前に自民党から武村グループが離党して新党さきがけを旗あげし、羽田・小沢派が離党して新生党を結成したため、自民党の公示前勢力は二二七議席であった。そして、自民党は総選挙で二二三議席を獲得したのち、自民党籍をもちながら公認されず無所属で当選した五人を追加公認して二二八議席に達した。実は、この選挙で自民党は負けたわけではなかったのだ。中選挙区制での総選挙はこれが最後となる。

この総選挙の結果成立した細川護熙内閣、続く羽田孜内閣で、自民党ははじめての野党暮らしを余儀なくされた。それに倦んだ自民党はなりふりかまわず、社会党の村山富市委員長を首相にかついで、自社さ連立政権をつくって政権に復帰する。小選挙区比例代表並立制導入後最初の総選挙となった第四一回では、自民党は前回より議席を上積みしたが過半数に届かず、自社さ連立政権を維持した。その後、政界再編が進むなかでも、自民党は一貫して政権党の座を守っていく。

不人気だった森喜朗政権によるいわゆる「神の国解散」を受けた第四二回でも自民党は踏みとど

まり、自民・公明・保守三党による連立政権が続くことになる。逆に人気の高かった小泉純一郎政権の下での第四三回でも自民党は微増にとどまり、政権は四議席と凋落した保守新党を自民が吸収して自公連立政権としてリセットされる。

表1　総選挙回次ごとの自民党の獲得議席など

総選挙回次（施行期日）	自民党の獲得議席 *	総議席数	自民党の議席率
28 回（1958.5.22）	287	467	61.5
29 回（1960.11.20）	296	467	63.4
30 回（1963.11.21）	283	467	60.6
31 回（1967.1.29）	277	486	57.0
32 回（1969.12.27）	288	486	59.3
33 回（1972.12.10）	271	491	55.2
34 回（1976.12.5）	249	511	48.7
35 回（1979.10.7）	248	511	48.5
36 回（1980.6.22）	284	511	55.6
37 回（1983.12.18）	250	511	48.9
38 回（1986.7.6）	300	512	58.6
39 回（1990.2.18）	275	512	53.7
40 回（1993.7.18）	223	511	43.6
41 回（1996.10.20）	239	500	47.8
42 回（2000.6.25）	233	480	48.5
43 回（2003.11.9）	237	480	49.4
44 回（2005.9.11）	296	480	61.7
45 回（2009.8.30）	119	480	24.8
46 回（2012.12.16）	294	480	61.3
47 回（2014.12.14）	290	475	61.1

* 選挙後の追加公認は含まない。
28 回から 45 回までは石川・山口（2010）の巻末データを参照。
46 回と 47 回は新聞記事による。

小泉政権後、自公政権は毎年首相が交代する迷走ぶりであった。これが第四五回で結党以来最大の惨敗を招いた。政治学者の小林良彰はこの総選挙を、「自民党政権への「懲罰投票」」とよんだ（小林二〇一二：三三）。

このように、自民党は二〇回の総選挙のなかで相対的敗北はあったものの、絶対的敗北は二〇〇九年総選挙の一度だけにすぎない。自民党は相対的敗北を喫した場合、保守系無所属議員を追加公認したり連立政権を組んだりして政権維持を最優先させた。また、はじめて下野することになった一九九三年の第四〇回総選挙でも、自民党は圧倒的第一党であることに変わりはなかった。

第2節　選挙勝利至上主義

選挙は勝たなければ意味はなく、勝たなければ政権は維持できない。自民党は単純にこう割り切っている。選挙に勝つためには、候補者の過去は問わないし、候補者擁立のルールも融通無碍である。こうして、自民党は選挙に強いからこそ政権党であり続け、政権党であり続けているからこそ選挙に強いのである。この相補的関係を以下でみていく。

「あなたの過去など知りたくないの」

一九九四年の首相指名選挙で、自民党は政権に復帰したい一心で、総裁である河野洋平ではなく、表向きは激しく対立してきた社会党の村山富市に投票することを決めた。元首相の海部俊樹はこれに従わなかったばかりか、それまでの連立与党である新生党や日本新党などの首相指名の統一候補となった。海部は自民党を離党し、やがて新進党の初代党首に収まる。自民党からすれば唾棄すべき「反党分子」である。なのに、二〇〇三年に自民党は海部を復党させ、二〇〇五年と二〇〇九年の総選挙で公認した。海部は二〇〇九年総選挙で落選して政界を引退した。

「反党分子」を復党させた例はこれにとどまらない。党の方針に反して郵政民営化法案に反対票を投じた野田聖子を、自民党は二〇〇五年総選挙で公認せず、そればかりか「刺客」候補として同じ岐阜一区に佐藤ゆかりを立てた。野田は佐藤を破って当選した（佐藤も比例復活当選）ものの、自民党から離党勧告がなされ二〇〇五年一〇月に党を離れた。ところが、早くも翌年一二月には復党を認められたのである。二〇〇九年総選挙では岐阜一区で公認され当選した。この公認争いに敗れた佐藤は東京五区に国替えとなり、落選する。

野田は二〇一二年総選挙で七回目の当選を果たし、同年一二月には自民党三役ポストの一つである総務会長にまでのぼりつめている。一方、佐藤は二〇一〇年の参院選比例区で当選し、二〇一四年総選挙では大阪一一区に鞍替えして当選した。熾烈な確執を繰り広げた両者は、いま同じ自民党衆院議員となっている。

同じく、郵政民営化法案に反対票を投じた城内実も二〇〇五年総選挙で公認されず、「刺客」候補の片山さつきに僅差で敗れた。次の二〇〇九年総選挙では自民公認の片山を破って雪辱を果たす。

落選した片山は、佐藤と同様に二〇一〇年の参院選比例区で当選する。城内は二〇一二年五月に自民党に復党し、その後二回の総選挙を自民公認で当選している。というわけで、以前に二度死闘を演じた城内と片山もまた、いまでは同じ自民党所属国会議員である。

小選挙区制の今日、自民党公認を得られなかったため、保守系無所属候補として立候補することは自民党からすれば紛れもない「反党行為」であろう。ところが、自民党は同党公認候補を破って当選したこれら候補者の入党を頓着なく認めようとする。

たとえば、二〇一四年総選挙において、山梨二区で長崎幸太郎、兵庫一二区で山口壮が無所属で当選した。同年一二月一九日の党役員連絡会で、二階俊博総務会長はこの二人の復党・入党を提案した。二階の意図をその周囲は、「選挙に強い議員を仲間に受け入れることは、長期的に党運営の安定に資する」とみているのではないかと忖度している。二階自身「出戻り」組である。ただ、安倍晋三首相の周辺には「議席は十分足りている。ベテランや中堅が自民党入りして、ただでさえ少ないポストを要求されたら、たまらない」と否定的な意見があり、二階の思惑どおり運ぶかは不透明である（二〇一四年一二月二〇日付『読売新聞』）。

あるいは、かつて野党・民社党の委員長まで務めた塚本三郎や大内啓伍を迎え入れ、一九九六年総選挙では両者を自民党公認で立候補させた。ただし、両者とも落選している。

さらに、経済人類学者の栗本慎一郎は、一九九三年総選挙で新生党の推薦を得て無所属で立候補し、当選後に新生党に入党した。しかし、その後小沢と訣別して、結局は自民党に入党し、次の一九九六年総選挙では自民党公認候補として立候補し当選している。その栗本はこう書いている。

「世界の大政党のうち、自民党は党員や支持者の過去をもっとも問わない政党である。なにしろ学生のころ、共産党より左の組織に身を置いていて、国会突入をした経験がはっきりしていても、そんなことは問題にしない。（略）加藤紘一でさえ、東大時代は国会突入派だったことは有名である。（改行）彼以外でも、現在の国会における政党のうち、もっとも多数の反体制運動経験者がいるのはなんと自民党である」（栗本 一九九九：一六六）。

学生時代に反体制活動に献身した者が自民党内にうようよいるだけではない。ハマコーこと浜田幸一元自民党衆院議員は若かりし頃「ものすごくグレてグレて」いた。「ヤミ市で本物のヤクザと大立ちまわりをしたり、それが縁で、そのスジの連中とも仲良くなったり、はたまた賭場に出入りしたり……」（浜田 一九九四：九七）。「まったくお恥ずかしい日々を送っていたが、二十二歳のときに自分の気持ちを整理し、堅気になるため、小指を切り落とした。場所は横浜で、私が信頼していた方に立ち会っていただいた」。ただ、ハマコーによれば小指は完全に切断されなかった。「だから、私の左手の小指は、いまでも第一関節のところで曲がっていて、まっすぐに伸びない」（同一〇一―一〇二）。

小指がつながったことが機縁になったわけではあるまいが、ハマコーの素行はその後も容易には矯正されなかった。一九五一年には地元・木更津で「立ちまわりの末に、はずみで相手の一人をブスリとやってしまった」（同一〇五）傷害事件を起こす。懲役一年の実刑判決を受けて収監された。

ハマコーは札付きのワルだった。「ヤクザ上がり」とも自称している（浜田二〇一一：三四）しかし、自民党はそんな遠い過去にこだわるヤワな政党ではない。いまどきの若者言葉でいえば、「別にいい〔い〕んじゃね」というわけだ。

前科者といえば、後述する佐藤孝行衆院議員はロッキード事件で逮捕され、一九八六年に懲役二年、執行猶予三年などの有罪判決が確定した。佐藤はすでに逮捕直後の一九七六年八月に自民党を離党していた。だが、執行猶予があけた一九八九年に自民党は佐藤の復党を認める。最後には大臣ポストまであてがった。

自民党には「あなたの過去など知りたくないの」（栗本一九九九：一六八）のカルチャーが徹底している。この「おおらかさ」と、一九九二年に一〇〇歳の名誉議長・野坂参三を解任し、さらには除名処分にした日本共産党の「潔癖さ」とはまさに好対照である。戦後の日ソ両共産党の関係断絶期にソ連共産党と密かに通じていたことなどが除名処分の理由とされた。

「なんちゃって公募」

自民党は選挙で勝つためなら自ら決めたルールを平気で反故にする。その典型的事例が、世襲候補の制限である。自民党が二〇〇九年八月の総選挙を前に発表した「政策バンク」には、次の記述が存在する。

「党所属の現職国会議員が引退するなどの選挙区において、その配偶者及び３親等内の親族が同一選挙区内で立候補する場合は、次回の総選挙から公認または推薦しない」(https://www.jimin.jp/policy/manifest/:三三)。

上述のとおり、この総選挙で自民党は有権者からの「懲罰投票」を受けて結党以来の大敗北を喫する。すると、文字どおりその舌の根も乾かぬうちに、まず同年一〇月二日に、谷垣禎一自民党総裁が世襲の立候補制限を再検討する考えを表明する。一〇月二三日の臨時役員会では、大島理森幹事長が「マニフェストは尊重しつつも、広く人材を集める観点から議論する」と述べた(二〇〇九年一〇月二三日付『朝日新聞』夕刊)。これは事実上の世襲容認を意味していた。

さらに、一〇月三〇日の政権構想会議(議長・谷垣総裁)において、次期衆院選からは世襲候補の制限を取りやめる方針が決定される。「透明な選考なら、あらゆる人が応募してもかまわない」という趣旨の発言が多くなされた。「透明な選考」とは都道府県連による公募や予備選などである。そこで、公募が世襲の「抜け道」に転用されないルールをつくることで議論は決着した(二〇〇九年一〇月三一日付『毎日新聞』)。この歯止めはきちんと機能したのか。

二〇一二年八月八日に野田佳彦首相は、谷垣自民党総裁と(会談し)、追って山口那津男公明党代表も参加した。会談後の記者会見で、首相は「3党合意を踏まえて、法案は早期に成立を期す。成立した暁には近いうちに国民の信を問うと確認した」と発言した(二〇一二年八月九日付『朝日新聞』)。その後、今期限りの引退を表明した議員の選挙区では後継者選びがあわただしくなる。二〇一二年九月に自民党幹事長に就任した石破茂は一〇月一二日に、「党員の意思が反映された公正な選考方法」による候補者選び、具体的には対象選挙区の党員投票の実施を各都道府県連に求めた。これは党執行部の方針だったが、強制力を伴わない「お願い」にすぎなかった（二〇一二年一〇月二九日付『北海道新聞』）。結局自民党のベテラン議員の場合、その実子が議員バッジを受け継ぐことになった（次頁〈表２〉）。

候補者の公募はなされたものの、応募者はきわめて少数で群馬四区では一名しかいなかった。これら五例のうち、党執行部の要請どおりに党員投票が実施されたのは奈良四区だけである。北海道一二区と香川三区ではその要請前にこの二名を立候補予定者に決めたため、党員投票は行われなかった。残る二選挙区では、要請前に候補者選考を開始していたこと（広島四区）、党執行部の方針に異論が多いこと（群馬四区）を理由に、支部党員によるシャンシャン大会をもって代えた。党執行部はこれを追認せざるを得なかった。

手続きに拘泥せず、「勝てる」の一点で世襲候補を選んだわけである。融通無碍というほかない。当時の自民党の選対幹部は「公募の選考で『世襲候補』がはじかれ、もめたというケースは聞かない」と述べていた（二〇一二年一〇月一四日付『読売新聞』）。ある若手衆院議員からは、「世襲にお墨付きを与えるだけの『なんちゃって公募』だ。自民党の古い体質は変わっていないと思われ、最悪だ」との批判が出た（二〇一二年一〇月二四日付『毎日新聞』）。

今や安倍政権の大官房長官にのし上がった菅義偉は、自民党が下野してまもなくのころ世襲候補を批判していた。「世襲候補は党から複数の候補が立つ中選挙区なら、おかしくなかったと思う。

表２　2012年総選挙における自民世襲議員の誕生例

選挙区	引退議員	世襲議員	公募応募者数	選考方法・理由
北海道12区	武部　勤	武部　新（長男）	3 → 2*	支部による選考・「当選第一に若返りを図る」
群馬4区	福田康夫	福田達夫（長男）	1	党員大会で拍手により承認
奈良4区	田野瀬良太郎	田野瀬太道（次男）	3 → 2**	党員投票（有効票322票中304票を獲得）
広島4区	中川秀直	中川俊直（次男）	4 → 1***	党員大会で承認「異論は出なかった」・「勝てる候補が選考基準の第一だ」
香川3区	大野功統	大野敬太郎（長男）	5 → 3****	支部代表らによる投票（202人の投票で192票獲得）

*1名は選考過程の最中に別の選挙区の公募へ応募。** 書類審査〔で〕2人に絞る。***2次選考に進んだのは中川俊直だけ。****2人は書類不備で失格。当時の新聞各紙から筆者作成。

小選挙区はたった1人、政党の選挙だ。その人が出れば他の人が出られない。自民党が国民政党として生まれ変わるには、有為な人材を登用するシステムをつくらなければいけない。だから私は世襲に反対した」（二〇〇九年一〇月一一日付『日本経済新聞』）。正論である。

ただし、二〇一二年総選挙直前には、その批判をトーンダウンさせた。「世襲は禁止ではなく制限だ。（世襲議員の）安倍晋三総裁や麻生太郎元首相は若い頃から外交や安全保障に触れ、外交交渉で物おじしない。小泉純一郎元首相の次男である進次郎さんは、誰もが将来を期待している」（二〇一二年一一月二九日付『朝日新聞』）。この言い抜けにも自民党の体質がよく現れている。

約二万五〇〇〇票の「ゲタ」

自民党は総選挙では二〇〇〇年の第四二回からは、公明党と選挙協力をして選挙戦に臨んでいる。つまり、小選挙区では自公どちらかの候補者しか擁立せず、自民党候補者の場合は公明党支持者が、公明党候補者の場合は自民党支持者がそれぞれその候補者に投票するのである。とはいえ、自民党候補が立つ場合が圧倒的に多い。二〇一四年総選挙でみれば、二九五の小選挙区で公明党公認候補者は九人にすぎず、全員当選している。一方、自民党公認候補者は二八三人で二二二人が当選した。

公明党の支持母体である創価学会は、公称八二七万世帯を擁する。この組織がフル回転したとき、選挙に与える影響はすさまじい。二〇一三年参院選で公明党に投じられた約七五六万八〇〇〇票を三〇〇で割れば、一小選挙区あたりは約二万五〇〇〇票となる（田﨑 二〇一四：一七九）。自民党候補者はあらかじめ約二万五〇〇〇票の「ゲタ」をはいているようなものだ。二〇一四年総選挙では小選挙区数は二九五に減ったので、「ゲタ」はさらに少し高くなった。「自民党は学会票に麻薬漬けにされている」とは永田町の常識である（「創価学会の「集票力」」二〇一四：一一三）。

五五年体制時代、さらにはその後の橋本龍太郎政権までは、自公両党は対立してきた。一方が与党ならば他方は野党であった。ところが、ねじれ国会に苦しむ小渕恵三内閣および同第一次改造内閣で官房長官を務めた野中広務が、公明党との連立を模索し、「悪魔にひれ伏して」小沢一郎率いる自由党との連立政権を実現させた。そして、同第二次改造内閣で自民党は公明党とも連立を組んで、衆参両院での過半数を確保するに至る。

もちろん、自民党議員のなかに公明党＝創価学会に批判的な議員もいる。平沢勝栄はその急先鋒である。平沢は二〇〇〇年に出した自著でこう書いている。

「前回、一九九六年の総選挙では、自民党の議員は当時の野党第一党である新進党（略）と戦った。このとき自民党は、新進党＝公明党であり創価学会党であるということをくり返し攻撃して、選挙を戦ったのである」（平沢 二〇〇〇：一五〇）。

この総選挙は平沢の初陣であった。立候補した東京一七区で、新進党の前職・山口那津男と戦い勝ち抜いた。二〇〇〇年総選挙でも相手は、新進党の解党で公明党公認となった山口であった。当時はすでに自公は連立与党である。東京一七区は与党候補同士が激突する全国で唯一の選挙区となった。このときも平沢が当選した。二回連続で落選した山口は、翌二〇〇一年の参院選で東京選挙区から立候補し当選を果たした。二〇〇七年に再選された後の二〇〇九年からは公明党代表に収まっている。

従って平沢にとって、公明党＝創価学会は不倶戴天の敵であった。

「自民党の支持者と公明党の支持者、これは本来、相容れないものといっていい。自民党の支持者というのは、公明党に対する拒否感が非常に強いことを感じざるをえない。（略）自公連立で、自民党は永年の自民党支持者の気持ちを踏みにじったのである。返すがえすも遺憾である」（同一五三)。

もともと平沢は警察官僚である。だからこそ、公明党＝創価学会の恐ろしさを知り抜いている。「警視庁と公明党というのは、癒着といっていいくらい、切っても切れない関係にある。何か事件や機密情報があると、すぐそれが公明党に漏れる。いろいろな分野に公明党関係者が入り込んでいる恐ろしさを、身をもって体験してきた。(改行) 警視庁にいる創価学会関係者にとって、従わなければならないのは、警視総監でも警察署長でもない。自分の所属する創価学会のリーダーの指示がすべてである。(改行) そんな体質を秘めた党と自民党が、支持者がこれだけ反発しているにもかかわらず、参議院で議席が足らないというおためごかしのような理由で手を組むのは、おかしいということで、ずっと反対してきたのである」(同一五四)。

こうした平沢の警鐘にもかかわらず、自民党はすでに六回の総選挙を公明党と選挙協力して戦っている。約二万五〇〇〇票の「ゲタ」をはかせてもらうかわりに、議員が命の次に大事な支持者名簿はとうに公明党の選対関係者の手に渡っていることだろう。元公明党委員長の矢野絢也もこう書いている。「選挙協力の見返りに、自民党の候補者は、学会から後援会名簿の提出まで求められた。(略) 候補者も伝統的な支援者も、さすがにいい気分はしないだろうが、学会票をぶらさげられると、拒否できない」(矢野 二〇〇九：二七七)。確かに、「自民党候補者が当落線上にいる小選挙区の学会組織には発破をかけ」(「創価学会の『集票力』」二〇一四：一一三) てくれるありがたみは、「麻薬」的でやめられまい。

創価学会票を「『覚醒剤（シャブ）』と同じだ」とまで言い放った平沢も、山口が参院に転出してからは、次第に公明党・創価学会批判を抑えていった（言論出版の自由を守る会 二〇一二：一一一―一一二）。

自公連立には「過去は問わない」と「融通無碍」が融合している。すべては、選挙に勝ち、政権党であり続けるためである。政権維持が自己目的化している。なぜなら、政権に居座り続けることこそ自民党を存立可能にする生命維持装置だからである。公明党の連立離脱は、自民党にとって「存立事態」となる。

第3節　ポストは党内求心力維持の道具

二〇〇九年総選挙で民主党は三〇八議席を獲得した。その議席率は六四・二％に達する。表1で示したように、自民党でも一九六〇年総選挙の六三・四％が最高だった。民主党は戦後における最高議席率記録をもつ政党なのだ。だが、逆にこれがあだとなった。党執行部は所属議員の処遇欲を満たしきれず党内統御不能となり分裂を招き、二〇一二年総選挙で壊滅的打撃を被った。まるで恐竜が巨大な身体をもてあまして絶滅したかのように。

大臣ポストは「ごほうび」

政権党になることは、所属議員の処遇欲をかきたてる。野党であれば党内のポストか衆参両院で会派勢力に比例して配分される委員会の委員長や理事のポストくらいしかない。これが政権党に変われば、政権のポスト、すなわち大臣、副大臣、大臣政務官にも就くことができる。衆参両院の委員長ポストも予算委員長など花形ポストが狙える。

前出のハマコーこと浜田幸一元衆院議員は当選七回を重ねたが、ついに大臣ポストにはたどりつけなかった。しかし、当選六回の任期中であった一九八七年一一月に竹下登内閣が成立したとき、閣僚経験者級のポストとされる衆院予算委員長に就任した。竹下に強い影響力をもつ金丸信前副総理への「おねだり」が功を奏したと報じられた（一九八七年一一月一〇日付『朝日新聞』夕刊）。ハマコーによれば、金丸夫人が「ハマちゃんがあんなに一所懸命やってくれたのに、あなたが予算委員長くらいさせてあげるのは、当然じゃないですか」と金丸にかけあってくれたおかげだという（浜田一九九五：二八七）。

ただ、せっかく射止めた花形ポストを、ハマコーは一九八八年二月六日の予算委員会で、「殺人者である宮本顕治君」と発言したことでフイにしてしまう。二月一二日に辞任を余儀なくされた。

ここで重要なのはハマコーの「武勇伝」ではなく、ハマコーに予算委員長ポストが用意された背景には、「損失補填」の意味もあったことである。竹下内閣の前の第三次中曽根康弘内閣組閣の際に、ハマコーは当選六回という大臣適齢期にありながら入閣を見送られていた（前掲朝日記事）。

政権党執行部にとって、所属議員の処遇欲と名誉欲をいかにコントロールするかが党運営の要になる。民主党は二〇〇九年に政権党となって、人事をめぐる所属議員の期待は飛躍的に高まった。「一九九六年に旧民主党が結党されて以来、一三年の野党暮らしを経てようやく政権を獲得したことから、みんなが政府入りしたがり」（日本再建イニシャティブ 二〇一三：二一九）といった具合である。

とはいえ政府ポストの数は限られており、それは当選回数に応じて割り振られた。その結果、「不満を抱えた無役の議員ばかりがテレビに出て、政権の応援をするどころか、政府批判を繰り返す状況が続いた」（同二一三）。所属議員に「日向組」と「日陰組」の断絶が生じてしまった。野田政権はわずか一年四か月あまりしか続かなかったが、三度も内閣改造を行った。これにより、処遇されない疎外感にがまんしきれず離党した小沢グループを除けば、衆院当選二回の議員全員に大臣政務官のポストを配給することができた（同二一二）。

民主党政権が失敗した大きな原因は、総選挙で勝ちすぎ、それを統御できない政権党としての党内ガバナンスの稚拙さにあった。

対照的に、長く政権党の座にあった自民党はその間に政権党としての党内ガバナンスのあり方を学習していった。それを端的にいえば、開き直ってポストを党内求心力維持の道具だとみなしたことである。自民党で当選回数を重ねればだれでも「ごほうび」として大臣になれる。このモチベーションが、各議員が総選挙を勝ち抜く原動力となり、選挙に強い自民党を下支えした。すなわち、政権党であるからこそ自民党は強いのであり、自民党は強いから政権党であり続けたのである。

しかも自民党が巧みなのは、大臣になれなかったハマコーを予算委員長に就けたように、処遇に不満が出ないように周到な配慮を徹底したことである。これも党内求心力の向上に大きく寄与した。

二〇〇五年総選挙で野田聖子の「刺客」候補として、小泉執行部によって擁立された佐藤ゆかりは、次の二〇〇九年総選挙では野田との公認争いに敗れた。しかし、東京五区という国替え選挙区が用意され、その選挙で落選するとさらに二〇一〇年参院選で比例区から立候補しバッジを取り戻した。同じ刺客候補として立てられた片山さつきも二〇〇九年総選挙で落選したが、二〇一〇年参院選比例区で当選している。

衆院小選挙区での落選者を参院比例区で救う。この無原則な「損失補填」こそ自民党の真骨頂である。これからすると、民主党の「非情さ」は目に余る。

二〇〇九年総選挙の石川二区で森喜朗元首相を落とすために、民主党は森とは好対照の田中美絵子を擁立した。この選挙で、田中は比例区で復活当選する。ところが、「これまでの地元活動がおろそかだった」などの理由で、田中は二〇一二年総選挙の一か月前に東京一五区への国替えを強いられた。田中は落選するが、この選挙区で地道に地元活動を重ねて次に備えた。

だが、二〇一四年総選挙が電撃的に決まると、民主党は維新の党との選挙協力を理由に東京一五区からは独自候補擁立を見送った。そこで田中は公示一〇日前になって、石川一区へ二度目の国替えとなった。田中は落選したものの、惜敗率七七・九七%と健闘した。田中は次回もここで戦う覚悟である。私には、知名度のある候補者を民主党が場当たり的に弄んでいるとしかみえない。

ミスター「損失補填」・竹下登

さて、戦後最長の七年八か月も政権を担当した佐藤栄作は、「人事の佐藤」といわれた。ポイントは「敗者復活」にあった。

「佐藤の人事の冴えは、トカゲの尻尾切りなんだ。（略）しかし、首を切ったあとで、みんな面倒を見ている。そこが人事の佐藤と言われるところなんだ。（略）平気で切って、ちゃんとまたあとで処遇をする。ずいぶん切られているよ」（後藤ほか 一九八二：二四〇―二四一）。

確かに、荒船清十郎、船田中、石井光次郎、西村直巳、そして倉石忠雄と、佐藤が切った大臣や衆院議長は少なくなかった。ただ、彼らが不満を引きずらないように、切りっぱなしではなくしかるべく処遇したのである。また、派閥のサイズと大臣ポストについて「比例配分が実にぴったりしている」（同二四一）点も、各派閥に不満を抱かせない配慮だった。

佐藤政権の下で内閣官房副長官、さらには内閣官房長官を務めた竹下登は、佐藤のこのやり方を学んで「損失補填」の人事を励行した。

竹下は第二次田中角栄内閣第二次改造内閣でも官房長官に就いている。ただ、この内閣は一九七四年一一月一一日から一二月九日までの短命内閣で、この内閣を最後に角栄は首相の座から去ることになる。自民党的「感性」からして気の毒なのは、一か月に満たないこの内閣で初入閣した議員たちである。竹下は言う。

表３：第２次田中角栄内閣第２次改造内閣における初入閣者とその後の「損失補填」

初入閣者名	大臣・長官名	「損失補填」ポスト（内閣）	備　考
三原朝雄	文部	防衛庁長官（福田赳夫）	
江藤　智	運輸		参院議員
鹿島俊雄	郵政		参院議員
大久保武雄	労働		1976年総選挙で落選・引退
小沢辰男	建設	環境庁長官（三木）	
宇野宗佑	防衛庁	科学技術庁長官（福田赳夫）	
倉成　正	経済企画庁	経済企画庁長官（福田赳夫）	
丹羽兵助	国土庁	総理府総務長官・沖縄開発庁長官（第１次中曽根）	

筆者作成。

「このときに大臣にした人は、僕は当然責任を感じて（再び大臣にするなど）損失補填をやりましたわね。時間をかけて」（竹下 二〇〇一：二一〇）。それを具体的に調べたのが表３である。

このように八人の初入閣者がいて、そのうち五人はのちに再び大臣ポストを手に入れている。「損失補填」されなかった三人中、江藤と鹿島は参院議員であった。閣僚ポストのうち参議院枠として参院議員に割り振られるポスト数は、二ないし三であることが慣例化していた（二〇〇一年の省庁再編後は二）。それもあって、参院議員の入閣は一回だけというのが暗黙の原則になっている。なので、この二人を再入閣させるのは難しかったのだろう。残る大久保は一九七六年総選挙で落選して政界を引退してしまったため、「損失補填」をする時間がなかったのである。

竹下は続ける。

「宇野［宗佑］さんの六十九日（という短命内閣）、これも損失補填をやった。宇野さんは思わず（総理大臣に）なられたから、閣僚名簿をつくってくれと言われて、僕が持っていったわけね。（実際の閣僚は）一つだけ違っておりましたが、他は全部名簿どおりだ。だから損失補填をしなければならない。もう、損失補填はみな終わりました」（同一二〇―一二一）。

リクルート事件で竹下は首相辞任を余儀なくされ、自民党の他の実力者もほとんどがこの事件に関与していた。そこで、消去法的に宇野宗佑に首相のお鉢が回ってきた。竹下は院政を敷き、宇野内閣は「竹下リモコン内閣」といわれた。自分が事実上組閣したという上記の竹下発言は、この事態をよく物語っている。そして、宇野内閣での初入閣組の「損失補填」はどのようになされたのか（表4）。

宇野内閣では初入閣組が一二人と多かった。閣僚経験者にはリクルート事件に連座した者が多かったためであろう。一二人中「損失補填」されなかったのは三人だけで、うち二人は参院議員である。野中は一九九〇年総選挙、一九九三年総選挙と連続して落選して政界を去ったため、「損失補填」のしようがなかった。

官房長官として、あるいは前首相として自分が事実上組閣したのだから、大臣という「ごほうび」を十分に味わえなかった者には「損失補填」を施してやる。これが竹下流の責任の取り方だった。

表４　宇野宗佑内閣における初入閣者とその後の「損失補填」

初入閣者名	大臣・長官名	「損失補填」ポスト（内閣）	備考
堀之内久男	農林水産	郵政大臣（第２次橋本）	
村岡兼造	郵政	運輸大臣（第２次海部改造）	
堀内光雄	労働	通産大臣（第２次橋本改造）	
野田　毅	建設	経済企画庁長官（宮澤）	
坂野重信	自治・国家公安委員長		参院議員
池田行彦	総務庁	防衛庁長官（第２次海部改造）	
井上吉夫	沖縄開発庁	北海道開発庁長官兼沖縄開発庁長官（小渕）	
山崎　拓	防衛庁	建設大臣（宮澤）	
越智通雄	経済企画庁	経済企画庁長官（第２次海部）	
中村喜四郎	科学技術庁	建設（宮澤）	
山崎竜男	環境庁		参院議員
野中英二	国土庁		1990年総選挙と1993年総選挙で連続落選・引退

筆者作成。

「気配りの竹下」を実感する一方、大臣ポストはその程度の「お飾り」でしかないのかと嘆息してしまう。だから官僚になめられる。旧労働省のキャリア官僚だった西村健はこう書いている。

「大臣という存在は基本的に、役所にとって「お客さん」。下へも置かぬようにもてなして、時期がきたらとっとと帰ってもらう。官僚もそうとしか見ていない。（改行）こんなとき、いちばんありがたいのは何も言わずにこちらの言うとおり行動してくれる大臣だ。どうせ政策の中身など分かりっこないのだから、黙ってこちらの言いなりに動いてくれたらそれでいい。それが大臣に相対している時の、役人の偽らざる胸のうちである」（西村二〇〇二：一六一）。

官僚にどう思われようと、本人の当該大臣としての適格性がどうであろうと、さらに不適格者が大臣に就いて国民に迷惑をかけようとも、自民党にとっては「そんなの関係ねェ」。所定の当選回数（衆院議員で五回、参院議員で三回）に達した者はだれでも順次大臣に引き立てて、党内に人事面での不満をため込まないことが優先される。大臣任期が短ければ「損失補填」までする細やかさだ。

衆院議員で当選七回を重ねて大臣になれなかったのは、ハマコーだけである。その代わりに予算委員長に起用された。ロッキード事件で有罪判決が確定した佐藤孝行でさえ、当選一一回にして念願の大臣ポストを手中にできた。第二次橋本内閣改造内閣で総務庁長官に就任したのである。ただ、世論の強い反発で一〇日ほどの在任で終わってしまったが。

「お前んとこの委員長だって五千万円もらっているじゃないか」

自民党が選挙に強いということは、裏返せば野党が選挙に弱いことを意味する。五五年体制下では、野党第一党であった社会党は自民党のほぼ二分の一の勢力に甘んじていた。そこで、二大政党制ではなく1½政党制だと評された。社会党は一九五八年総選挙で二四六人の候補者を擁立したことを除けば、一度も衆院総議席の過半数を上回る候補者を立てることはなかった。全員当選しても政権は取れなかったのだ。

「五五年体制」という言葉の生みの親である元朝日新聞論説委員の深津真澄は、五五年体制には二側面あったと指摘する。すなわち、「万年与党の自民党と野党第一党に安住した社会党との「馴れ合い政治」」であった反面、「新憲法と冷戦構造の緩和が生み出した戦後民主主義の一つのかたち」でもあったという。そして、「このシステム形成の制度的要因は、憲法九六条の「この憲法の改正は、各議院の総議員の三分の二以上の賛成で、国会がこれを発議し……」という規定だったというべきである」（深津 二〇一〇：二五）。

言い換えれば、社会党をはじめとする野党には、総選挙で三分の一以上の議席を獲得すれば「安住」できる構造的動機が働いていたのである。それは「馴れ合い政治」を必然化した。これについて、ハマコーは次のように暴露している。

「〔一九九三年〕一月二十八日の予算委員会での審議中、質問に立った社会党の赤松広隆書記長が、こんなことを言った。（改行）「金丸前自民党副総裁への五億円献金は、誰にいくら渡ったのか、はっきりさせるのが検察の責任ではないか」（改行）そこで私がすかさず、ヤジを飛ばした。（改行）「エラそうに、なに言ってるんだ。お前んとこの委員長〔田辺誠〕だって、金丸さんから五千万円もらっているじゃないか。自分たちだけ、きれいみたいなことを言いやがって」（改行）それも、私はテレビ放映中のマイクに入るように意識的に大声ではっきりと言った。むろん、テレビを見ている国民のみなさんにも聞いていていただきたかったからだ。（略）金丸幹事長時代、私は副幹事長として、常に金丸さんのそばにいた。金丸さんが自動車電話で、「田辺に五千万円届けるように」と指示していたのを、私はこの耳で聞いている」（浜田 一九九五：二四九―二五〇）。

ハマコーのヤジは確信犯的だった。これを問題発言だとして、予算委員会なり懲罰委員会なりで取り上げてもらい、公式に証言したかったのである。しかし、自民党も社会党も無視を決め込んだ。「要するに、両党が馴れ合いでやっていたからだ」（同二五〇）。ハマコーによれば、幹事長から国会対策委員長へ国会対策費が渡され、「その国対費の中から、社会党などの野党にカネが渡った（共産党は除く）。（略）当時の野党の主だった人の中で、自分は潔白だと胸を張って言えるのは、土井たか子さんぐらいのものだろう」（同二四八）。ハマコー自身も予算委員長時代に一〇万円を現金で配ったという（浜田二〇一一：一七七）。

竹下は引退した野党議員の面倒をよくみた。竹下が通産政務次官時代（一九六三・一二・一〇―一九六四・七・二四）に、官僚の法案説明に付き添って訪ねた「野党の方々全部とはいいませんがほとんどの方々に、お辞めになってから顧問に就任する会社を紹介しました」（竹下二〇〇一：八七）。とりわけ、師事した佐藤栄作の影響もあって、国労出身の社会党議員の引退後の世話を引き受けた。佐藤は鉄道省（現・国土交通省）の官僚出身である。

「要するに、〔社会党は〕労働組合の委員長になったものを国会に二期出してやるんですよ。参議院に十二年間。あとがつっかえるから、その二期でもう面倒を見てやったという感じかもしれませんね。僕はその先の分ですから」（竹下二〇〇一：八八）。

佐藤の指示で、国労出身で落選した社会党候補者にカネまで配った。「「きみ、何人落選しているか、下平〔正一：国労出身の社会党衆院議員〕に聞いて、手当てをしておいてくれ」とも〔佐藤が〕言う。

二十万円ぐらいですけれどね。十一人落選していたので、その人たちの元に下平さんに持っていってもらう」（同八九）。

「真剣な芝居」が演じられた健保法改正案審議

ただ、「馴れ合い政治」といっても、国民の前にそれをさらけ出すわけにはいかない。そこで、たとえば第一〇一回特別国会で成立した健康保険法（以下、健保法）改正案の委員会採決をめぐって、自民党と野党は演出を凝らした「真剣な芝居」を完璧に演じきった。ちなみに、第三八回総選挙が一九八三年一二月一八日に執行され、特別国会を召集すべき時期が通常国会のそれと重なったため、この特別会は事実上「常会に代わる特別会」となり、会期は二二七日間に及んだ。

健保法改正案は一九八四年二月二五日に国会に提出され、四月三日に衆院社会労働委員会（以下、社労委）に付託された。それは「医療保険制度を抜本的に改革する大改正案」（有馬 一九八四：二九）であった。その最大の変更点は、被用者保険の加入者本人の給付率を従来の一〇割から八割に引き下げる。つまり、加入者本人に二割の自己負担をさせることにあった。従来は、加入者本人が医師にかかる場合、初診料さえ自己負担すればあとは医療費を保険で賄えたのである。

当然、野党は「国民負担を増やす福祉切り捨て」とこぞって大反対である。自民党の支持基盤である日本医師会（以下、日医）も、患者の自己負担となれば受診抑制につながり、それは病院・医院の経営に直結するため猛反発した。「国民医療破壊阻止」をスローガンに反対運動を組織していった。

自民党は自己負担率を一割にとどめるなど譲歩する一方、野党と日医のメンツをどう立てながら改正案を成立させるかに知恵を絞った。たとえば、会期を七七日間も大幅延長して、慎重審議を主張する野党に配慮した。そのため、野党は審議引き延ばしとの世論の反発も気にせざるを得なくなり、与党に修正をのませた方が上策だと本音では気づきはじめる。ただ、「話し合いだけですいいいったのでは、党内がおさまらんよ。メンツにかけても改正反対の看板を降ろすわけにはいかんじゃないか」（同二二三）と、社労委の理事会で野党理事はこぼした。

ならば、強行採決という伝家の宝刀を抜く手もある。しかしそれには日医も難色を示し、自民党としてもその後の国会の空転や徹夜の本会議を考えると、それは避けたかった。そこで「真剣な大芝居」の開演となる。シナリオはこうだった。

社労委での質疑中に自民党の委員が質疑打ち切りの動議を出す。議事進行の動議は最優先なので、これを委員長が取り上げれば強行採決となる。委員長がその旨を発言する寸前に野党委員が委員長席に殺到し、委員長を場外に運び出そうとする。自民委員はこれを阻止しようとして、両者もみくちゃになる。委員長は自民委員に守られながらかろうじて休憩を宣する。その後、理事会を開き事態の収拾の方途を与野党理事で協議し、与野党国対委員長会談にゲタを預けることで合意する。そこで円満採決の条件と日程を決めて、次回委員会で粛々と審議・採決する。

当時の社労委委員長であった有馬元治が舞台裏を明らかにしている。

「自民党筆頭理事の小沢〔辰男〕さんと野党筆頭理事の村山〔富市〕さんが、ひそかに強行採決場面の手順を話し合った。質疑打ち切り質疑はいつ、だれが出すか。だれがどのような形で動議提出を指示するか。動議を阻止するのはだれか――。（略）もし、質疑打ち切り動議を阻止するタイミングが少しでも遅れれば、本当に強行採決までいってしまう。かといって、動議提出を完全に封じてしまったのでは、しまりのない田舎芝居になり、野党とその支持団体にこれ以上の抵抗を断念させるきめ手にならない。動議を提出したかどうかのきわどい瞬間に阻止し、大混乱の中で幕を引かなければならないのである」（同二一六）。

一九八四年七月五日にこの「大芝居」は見事に演じられ、七月一二日に健保法改正案は社労委で混乱なく与党の賛成多数で可決された。翌日の衆院本会議で可決されたあと参議院に送られた。参議院のメンツを保つため、有馬らは「参院で再修正すべき項目を残しておいた」（同二三五）ほどの念の入れ用であった。案の定、参議院でも修正が施された。それが八月六日に参院本会議で可決され、衆院へ回付となる。翌日、衆議院がこれに同意して健保法改正案は成立した。「大改正案だったにもかかわらず（略）乱闘も徹夜もなく、粛々と審議、採決された」（同二二九）と、有馬は胸を張る。その真相は「馴れ合い政治」にほかならなかった。

しかし、有馬の「告白」を続けよう。

「こうしたやり方を、一部の人は、与野党の「なれ合い」と言うかもしれない。だが、それは、胃の痛くなるようなギリギリの駆け引きの中に身を置いたことのない者の浅薄な見方である。実際はそんな生やさしいものではない。自民党も野党も、本当に強行採決してしまったら腹を切る覚悟で、真剣に大芝居を演じ切らなければならなかった」(同二二六—二二七)。

五五年体制において、与野党は役割分担しメンツを立て合って、真剣に「馴れ合って」いたのだ。それを許容する「度量」も、自民党の「強さ」を担保した。

むすびにかえて

自民党の存在理由は政権党であることである。そのためには、社会党であろうが、「悪魔」であろうが、公明党であろうが、連立を組むことをいとわない。「野党自民党」はいわば形容矛盾である。そこから論理必然的に、選挙に強くなければならず、選挙に強い候補者を擁立しなければならなくなる。その前では「過去」や「ルール」などにかまってはいられない。要職ポストは政権党としての求心力維持の道具でしかなく、こう割り切ることで選挙に強くなる。政権党であるから選挙に強く、選挙で強いから政権党であり続けるという相補性を導き出すことができる。また、野党にはカネを渡し、国会審議ではメンツを立ててやることでその牙を抜いてしまう。

私たちは「野党自民党」を形容矛盾としない日本の政治を実現したい。そのためになにをなすべきか。日本政治にとって、自民党というそれこそ「厚い岩盤規制」を十分に知り、そこから学ぶことを第一歩としなければなるまい。本稿はそのトライアルである。

〈参照・引用文献〉


有馬元治（一九八四）『健保国会波高し』春苑堂書店。

石川真澄・山口二郎（二〇一〇）『戦後政治史　第三版』岩波新書。

栗本慎一郎（一九九九）『自民党の研究』光文社。

言論出版の自由を守る会編（二〇一二）『藤原弘達『創価学会を斬る』41年目の検証』日新報道。

後藤基夫・内田健三・石川真澄（一九八二）『戦後保守政治の軌跡』岩波書店。

小林良彰（二〇一二）『政権交代』中公新書。

「創価学会の「集票力」」（二〇一四）『選択』二〇一四年一二月号。

竹下登（二〇〇一）『政治とはなにか』講談社。

田﨑史郎（二〇一四）『安倍官邸の正体』講談社現代新書。

西村健（二〇〇二）『霞が関残酷物語』中公新書ラクレ。

日本再建イニシャティブ（二〇一三）『民主党政権 失敗の検証』中公新書。

浜田幸一（一九九四）『永田町、あのときの話』講談社＋α文庫。

――――（一九九五）『新版 日本をダメにした九人の政治家』講談社＋α文庫。

――――（二〇一一）『YUIGON』ポプラ社。

平沢勝栄（二〇〇〇）『明快！「国会議員」白書』講談社。

深津真澄（一九九三）「「55年体制」の素性を明かす」『日本記者クラブ会報』二七八号。

――――（二〇一〇）「日本デモクラシーの伝統を評価せよ(7)」『プランB』三〇号。

矢野絢也（二〇〇九）『黒い手帖』講談社。

第3章 「選挙公報」から参院比例代表選挙を分析する
――公明党と共産党の比較を中心にして

はじめに

本稿では、とりわけ日本の組織政党の双璧といえる公明党と共産党の二〇二二年参院選の「選挙公報」に焦点を絞って、両党の選挙戦略の特徴を明らかにしていく。なぜ「選挙公報」に注目するのか。

衆院総選挙と同時に最高裁裁判官の国民審査が実施される。投票日に先立って、前者については「選挙公報」が、後者については「国民審査公報」が配布される。私は各回次の「国民審査公報」を収集して記載内容を分析したことがある（拙著（2012）『最高裁裁判官国民審査の研究』五月書房、第5章第2節）。最高裁裁判官は「名もない顔もない」存在とみられがちである。しかし、「国民審査公報」を読んでみると、その印象は大きく変わった。「神を信じ」と信仰告白が書かれていたり、趣味について記した上で「どれも下手」と書き添えられていたりと、各自の個性をうかがい知ることができた。

一方、「選挙公報」に関してはさして注目してこなかった。政治学の研究蓄積においても、「選挙公報」わけても「参議院比例代表選出議員選挙　選挙公報」（以下、「選挙公報」と略記する）を研究対象とした論文はほとんど見当たらない。とはいえ、比例代表選挙であるから、各政党が原稿を提出している。それを選挙結果と照らし合わせることで、各政党の選挙戦略を知る手がかりになるのではないか。これが本稿の問題意識である。

結論を先に述べれば、公明党は手堅く緻密な「守り」の選挙に徹したのに対して、共産党は「攻め」の選挙に挑んだものの上滑りに終わったということである。

第1節　現職を優先しなかった公明党

A　「死守議席」は六議席

参院比例代表選挙では、有権者は投票用紙に個人名か政党名のどちらかを記入する。個人名が書かれた票はその候補者を擁立した政党の票とみなされ、まず政党ごとに得票数が集計される。これをドント式で計算して各政党の獲得議席数が決まる。たとえば、政党Aの獲得議席は一〇議席と決まったとしよう。次にこの一〇議席を政党Aの候補者のだれに割り振るかは、個人名の書かれた票の多い順となる。当選となる順位があらかじめ拘束されていないので、非拘束式比例代表制とよばれる。

各政党の執行部としては当選を強く望む候補者（仮に「重点候補」とする）とさほどではない候補

者（「補欠候補」）がいるはずである。三年ごとに参院選はあるので、比例代表選挙で獲得できる議席数にはおおよその予測がつく。それが一〇議席だとすれば、一〇人プラスアルファを「重点候補」として地域別なり職域別に割り当てて、個人名での投票を徹底させる。この選挙戦略が組織政党としては合理的といえよう。果たして、公明党の「選挙公報」は次の候補者を顔写真とともに掲げていた（次頁）。

右上に小さな字で「公明党はこの七人をはじめ参院選比例区に一七人を公認しています」と断り書きがなされている。言い換えれば、残る一〇人の候補者は「選挙公報」に氏名すら記載されていない。なぜ候補者数を一七人にしたかといえば、それが一七人から二四人までだと「選挙公報」の一頁の四分の三の寸法を割り当てられるからである（公職選挙法施行規則第一二条第二項）。

公　明　6議席

6,181,431　11.66%

当	竹内　真二	❷	現	437,228
当	横山　信一	❸	現	415,178
当	谷合　正明	❹	現	351,413
当	窪田　哲也	❶	新	349,359
当	熊野　正士	❷	現	269,048
当	上田　勇	❶	新	268,403
	宮崎　勝	①	現	9,695
	中北　京子		新	9,640
	水島　春香		新	9,058
	河合　綾		新	5,417
	中嶋　健二		新	2,786
	塩野　正貴		新	1,717
	深沢　淳		新	1,212
	伊大知孝一		新	797
	奈良　直記		新	738
	淀屋　伸雄		新	730
	光延　康治		新	426
	政党名での得票			4,048,585

参院選で現行の非拘束式比例代表制が導入された二〇〇一年以降における公明党の比例区での獲得議席を確認しよう（〔次頁〕のとおり）。

したがって二〇二二年参院選比例区

で、公明党が上記の七人を「重点候補」として「選挙公報」に発表したのはやや控えめといえよう。選挙結果は〔前頁〕のとおりである（出所は二〇二二年七月一二日付『朝日新聞』、第2節に掲げた共産党の選挙結果の出所も同じ）。

2001年：8議席
2004年：8議席
2007年：7議席
2010年：6議席
2013年：7議席
2016年：7議席
2019年：7議席

獲得議席は二〇一〇年以来の六議席に落ちた。七人の「重点候補」のうち落選したのは現職の宮崎勝だった。その得票数をみると驚く。当選者六人より二ケタも少ない九六九五票で、次々点の候補者との差はわずか五五票の「誤差」でしかない。含意を探ろう。

おそらく公明党は支持母体である創価学会の会員数を慎重に読み込んで、六議席を「死守議席」と位置づけた。実は二〇一九年と二〇一六年参院選でも、公明党の「死守議席」は六だった（二〇一九年七月五日付『読売新聞』）。F（フレンド）票が想定以上に寄せられたためか、この二回の参院選では七議席を獲得できた。それゆえ七人を二〇二二年参院選の「重点候補」とした。だが、本音の「重点候補」は宮崎を除く六人であり、宮崎は現職ながら「補欠候補」だったことが得票数から如実に認められる。

ではどうやって六人を確実に当選させたのか。全国を六ブロックに分けて六人の候補者を割り当てて、ブロックごとにその候補者への投票を集中させたのである。総務省のＨＰに掲載されている「参議院議員通常選挙結果調」には、政党ごとの比例区候補者の都道府県別得票が掲出されている。その数字からすると横山信一が北海道・東北ブロック、竹内真二が関東・東京・甲信越ブロック、上田勇が東海・北陸（福井を除く）ブロック、熊野正士が近畿（福井を含む）ブロック、谷合正明が中国・四国ブロック、そして窪田哲也が九州・沖縄ブロック（ブロック名は仮称）の候補者だったことが推定される。

『公明新聞』紙上には〈このブロックに住む支持者はこの個人名を〉のような「露骨」な投票指示は書かれていない。ただ、七月九日付には「参院選あす投票　青年世代の党員、支持者が決意（下）比例区　最終盤の拡大で勝つ！」という欄がある。そこで各地の青年党員六人が府県名・顔写真入りの実名で、比例区でだれに入れるかを明言している。もちろん彼ら六人はそれぞれのブロックの候補者を挙げている。

Ｂ　定年制の厳格適用

宮崎は二〇一六年参院選で七番目の当選者として滑り込んだ。得票数は一万八五七一票で、この回次の参院選比例区全当選者のうち最少の得票数だった。公明党の比例区の「選挙公報」には六人の「重点候補」の写真が掲載されていた。加えて、その下に「公明党は、参院比例区に上記の六人をはじめ一七人を公認しています」と但し書きがあり、小さな活字で「(順不同)」と添えられた。実際には順不同ではなく北から南へとブロック順になっている。

すなわち、二〇一六年の「選挙公報」でも宮崎を含む残る一一人の氏名は記されていない。けれども宮崎は一万八千票余りを集めた。次点の竹内真二(二〇二二年参院選では「重点候補」となり公明党比例区候補者の中でトップ当選した)は七四八九票である。その票差は約一万票であるから有意といえよう。七議席獲得の見通しが立ち、「補欠候補」の中では宮崎を当選させるよう党執行部はもくろみ、一部の票を宮崎に回させた。こうした推理が成り立ちそうだ。当時、宮崎は公明新聞編集局長だった。

ところが、二〇二二年参院選では「選挙公報」に七人を掲げたにもかかわらず、七議席は無理と判断されて宮崎への支援はなされなかった。これが宮崎と次々点候補者で、たった五五票の差しかつかなかった説明になろう。二〇一六年参院選で「補欠候補」だった宮崎は、現職でありながら二〇二二年も「補欠候補」にとどめられたのである。一方で二人の新人を「重点候補」としている。他の政党では考えられない「仕打ち」にみえる。しかし、公明党には「任期中に六九歳か、在職二四年を超える場合は原則公認しないとの定年制」が導入されている(二〇二二年七月一一日付『日経新聞』)。六四歳の宮崎はこれに抵触するので「原則」的に候補者にはなり得ない。支持者も定年制には敏感なようである。〔一七八〕頁上に掲げた各候補者の略歴の最後には年齢が記されている。しかも「※年齢は選挙期日現在」と付言がある（宮崎の顔写真の上）。

山口那津男・公明党代表は二〇二二年七月一〇日のＮＨＫの番組で、「党の活力は定年制を実行していることにも表れている」と発言した（同上）。この適用はかなり厳格で、今回の参院選では比例区で当選三回の浜田昌良を引退させ、元衆院議員当選七回の上田勇に差し替えた。浜田は六五歳なので任期中に定年年齢を超えてしまう。上田は一九五八年八月生まれゆえ任期中ぎりぎりで七〇歳に達しない。

さて、公明党は比例区でブロックごとに個人名による投票をよびかけた。けれども政党名での得票が四〇〇万票を上回った。公明党の比例区での全得票数六一八万票余りのうちの六五・五％に達する。個人名による投票依頼はあまり奏功しなかったのか。他方、共産党の政党名得票率は九一・八％である。それぞれの組織内候補がそろうため、個人名による投票が多いとみられがちな自民党でさえ、政党名得票率は七二・二％もあった。

つまり他党と比較すれば、公明党は執行部の詳細な指示を一人ひとりの支持者に滲透させ得る精巧な集票ネットワークを構築していることがわかる。ゆえに「重点候補」に着実に票が集まる。今回の参院選での比例区個人得票ランキングで、公明党候補者は二位（竹内）、四位（横山）、七位（谷合）、八位（窪田）、一一位（熊野）、そして一二位（上田）とそろって上位を占めた。支持者は達成感を得られる。背伸びせず手堅く「負けを減らす」選挙に徹したのである。

公明党は参院比例区で六人を当選させる力量をもつ。ならばジェンダーバランスに配慮して三人は女性を起用してはどうか。だが、現在の公明党参院比例区議員一三人のうち女性は山本香苗の一人にすぎない。

第2節　現職二人が落選した共産党

A　非現実的だった五人の「重点候補」

共　産　3議席

3,618,342　6.82%

当	田村　智子	❸	現	112,132
当	仁比　聡平	❸	前	36,098
当	岩渕　友	❷	現	35,392
	大門実紀史	④	現	31,570
	武田　良介	①	現	23,370
	山本　訓子		新	11,736
	小山　早紀		新	6,618
	今村あゆみ		新	5,768
	片山　和子		新	4,646
	佐々木とし子		新	4,635
	吉田　恭子		新	4,174
	西田佐枝子		新	3,674
	丸本由美子		新	2,654
	渡辺喜代子		新	2,199
	上里　清美		新	2,141
	花木　則彰		新	1,488
	片岡　朗		新	1,453
	髙橋真生子		新	1,416
	赤田　勝紀		新	1,258
	冨田　直樹		新	1,164
	西沢　博		新	968
	細野　真理		新	872
	堀川　朗子		新	736
	深田　秀美		新	583
	来田　時子		新	495
	政党名での得票			3,321,097

共産党は二五人の候補者を擁立した。前出の公職選挙法施行規則によれば、候補者が二五人以上になると「選挙公報」の一頁全面を割り当てられる。供託金は一人あたり六〇〇万円であるから、共産党は比例区に

一億五〇〇〇万円をつぎ込んだ。「選挙公報」に顔写真が掲載された（左）記の五人が「重点候補」である。

公明党と異なり、「補欠候補」の二〇人の氏名も五十音順に記されている。同じく公明党との違いであり興味深いのは、五人の顔写真の一番左に「比例代表候補」とあり、その下に「（名簿登載順）」と付されている点である。上位四人には現職を配した。

二〇〇一年以降における共産党の比例区での獲得議席は、二〇〇一年：四議席、二〇〇四年：四議席、二〇〇七年：三議席、二〇一〇年：三議席、二〇一三年：五議席、二〇一六年：五議席、そして二〇一九年：四議席である。二〇二二年参院選で共産党は「比例五議席」を目標とした。六年前に五議席を獲得しているから、そうせざるを得なかったと思われる。六年前に当選した市田忠義が引退したため、代わりに元参院議員で二〇一九年に比例区で落選した仁比聡平を五人目に入れた。

とはいえ、低調な党勢を客観的にみきわめれば三議席が「死守議席」ではなかったか。名簿登載

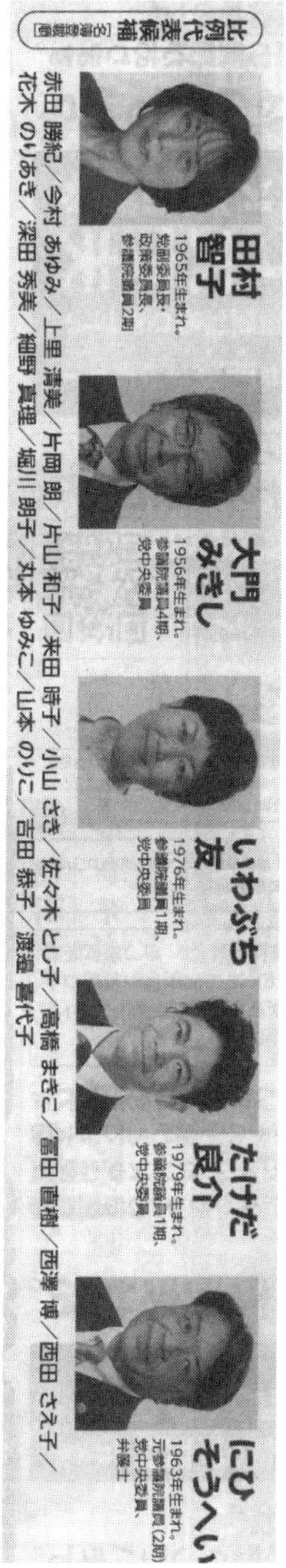

順に当選を固めてあわよくば武田良介をそこに食い込ませるというのが、現実的な選挙戦略のはずだ。にもかかわらず、これから述べるように、そうした「傾斜配分」戦略は採られなかった。

総務省HPの「参議院議員通常選挙結果調」からは、共産党もブロック別に候補者を割り当てていることがうかがえる。二〇二二年七月五日付『しんぶん赤旗』掲載の記事「比例候補奮戦」も参考になる。これらから各候補者のブロック割当てには次の見当がつく。選挙結果もあわせて掲げる。

田村智子・南関東（埼玉を除く）・東京、大門実紀史・近畿、岩渕友・北海道・東北・北関東・埼玉、武田良介・東海・北陸・信越、仁比聡平・中国・四国・九州・沖縄。

二〇一六年の参院選では関東全域が田村の担当ブロックだった。ところが、「桜を見る会」の追及で田村の名前は全国に知れ渡った。無党派層の票も取れるので、共産党比例区でトップ当選はまちがいなかった。それを踏まえて、党執行部は北関東と南関東のうちの埼玉を岩渕に「割譲」したのだろう。

六年前の田村の埼玉県での得票は一七五二票で、岩渕は四四三票にすぎなかった。二〇二二年には田村が四二八九票なのに対して、岩渕は五一七四票も取っている（埼玉県の個人票がこれだけ増えたのにも驚く）。茨城県と栃木県では、抜群の知名度から田村の票の方が多かった。とまれ、この四県で岩渕が得たのは八一六四票である。これがなければ大門と当落が入れ替わっていた。岩渕を落としてはならないという党執行部の意思が感じられる。これで参院議員七人のうち三人が女性というジェンダーバランスが維持された。

「割を食う」かたちで、四回連続当選（初回は繰り上げ）していたベテラン議員の大門が落選した。大門は近畿であるから、引退した市田の票が入るものと油断したのか。二〇一六年参院選では市田は京都で一万六三四票、大阪で八二一〇票を獲得している。大門は京都で七七九票、大阪で一万一三六二票だった。すなわち大門は京都では無名の存在にすぎなかった。二〇二二年に大門が市田の票をすんなり引き継げれば二位当選となっていたろう。実際には六一四〇票だった。二〇一六年の京都の票は、書記局長経験者として知名度の高かった市田だから投じられた票がずいぶんあったのである。

武田は五位に沈んだ。それでも得票数は六年前の二万三九三八票とほぼ変わっていない。比例区全体の得票数が六年前の約六〇〇万票、三年前の約四三〇万票から約三六二万票に減少したことからすれば、大いに善戦したといえよう。

彼ら現職議員に対して、二〇一九年参院選で落選した仁比は三年前より三千票近く多い三万六千票余りを得た。割当てブロックの大票田である福岡では三年前より五〇〇票弱減らしたものの、他の都道府県で得票を微増させて二位当選を果たした。三年前にはわずか千票差で落選している。次点バネが薄く広く効いたのか。共産党全体で大きく得票を減らした中では「大躍進」である。

B　常幹の責任を認めた選挙総括

七月一二日付『しんぶん赤旗』に、「参議院選挙の結果について」という一一日に出された共産党中央委員会常任幹部会の選挙総括が載っている。「比例代表選挙で（略）「六五〇万票、一〇％以上、五議席絶対確保」を目標にたたかいました」とある。これは明らかに過大な目標設定である。党執行部は本音では三議席プラスアルファと見積もっていた。田村の当選は間違いなく、余裕分を回して岩渕を当選させる。残る三候補には「対等」に競わせて党への得票上積みに貢献させる内意だったのではないか。

公明党の場合、「重点候補」と「補欠候補」で二ケタの圧倒的な得票差がついた。「補欠候補」は名前貸しのような存在だった。片や共産党では第五位の武田と第六位の山本（訓子）の票差は一万票余りしかない。山本は二〇一九年四月の大阪市議会議員選挙にも東住吉区から立候補している。結果は四九六五票で最下位落選だった。だが同年七月の参院選では三万三千票近くも取って仁比に肉薄している。共産党にとっては「補欠候補」も得票をかさ上げする貴重な戦力なのだ。共産党の全得票数に占める「補欠候補」の得票数の割合は一・六％（五万八六七八票）だった。公明党では〇・七％（四万二二一六票）と低くなる。

共産党は公明党とは対照的に「勝ちを増やす」態勢で選挙に臨んだ。ただ、客観的情勢はとてもそれに見合ってはいなかった。前出の選挙総括は、比例代表選挙について、「常任幹部会として、こうした結果となったことに対して、責任を深く痛感しています」と述べている。常任幹部会が責任を認めたのは異例である。

前の総選挙では、二〇二一年一一月二日付『しんぶん赤旗』に「総選挙の結果について」と題した常幹による同年一一月一日付文書が出ている。そこでは、比例代表選挙の二議席減について「わが党の力不足によるものだと考えています」と総括していた。「一億総懺悔」のように、敗北の責任は常幹にあるのではなく、党員一人ひとりにあると責任の所在をあいまいにしていた。これと比べれば、二〇二二年の選挙総括は常幹が責任を自覚し、それを「他者」に転嫁していない。共産党の元幹部の筆坂秀世はかつてこう書いた。「日本共産党の選挙総括で特徴的なのは、『共産党の方針・政策や党中央の指導は、いつでも正しい』ということだ。（略）議席を減らした場合は、いかに困難な条件であったかを強調し、その責任を自民党や民主党、メディアなど他者に転嫁する」（筆坂『日本共産党』新潮新書、二〇〇六年、一五四～一五五頁）。

もしこのカルチャーが今回の選挙総括をきっかけに変わっていくのであれば、ずいぶん前に「金甌無欠」とまで揶揄された（一九九三年九月二一日付『朝日新聞』夕刊「素粒子」）党の体質はようやく改められよう。一九四七年の二・一ゼネスト中止を放送した伊井弥四郎が用いた言葉「一歩退却、二歩前進」を思い出した。

第３節　他の政党の「選挙公報」

公明党、共産党以外の政党の「選挙公報」にはどのような特徴があるのだろうか。それを最後に略述しておく。自民党は五十音順に三一人の候補者の氏名・顔写真と本人の一言を並べて、そのあとに「特定枠」の二人を配した。立憲民主党、日本維新の会も同様に並び順は五十音順である。それぞれ二〇人と二六人の候補者氏名・顔写真を載せ各自の短い一言が添えられている。つまり、これら三党はすべての候補者を平等に扱っている。

一方、九人を擁立した国民民主党も全員の氏名・顔写真などの掲載は前記三党と同じであるが、現職の三人を冒頭に五十音順に並べた。四人目は「重点候補」の新人である。結局この新人と現職二人が当選して、現職一人が落選した。れいわ新選組は「特定枠」一人を含む九人を擁立した。候補者氏名・顔写真を載せているが、並べ方の基準はわからない。NHK党のガーシーは二八万七千票余りを集めて当選した。しかし、同党の「選挙公報」には候補者氏名は一切書かれていない。政党存続の瀬戸際に立っていた社民党は、福島瑞穂党首の顔写真を別格扱いで押し出した。参政党は候補者五人全員の氏名・顔写真・経歴などを載せている。ただしその並び順は不明である。

おわりに

七〇歳になった公明党の山口代表は九月にその任期を迎える。しかし、参院選で「死守議席」は確保したものの比例票を大きく減らしたため、来春に統一地方選を控えて創価学会から留任を求める声が出ている。一方、共産党の志位委員長は八月一日の中央委員会総会で、参院選の結果について「単純な後退と見るべきではない」と述べた。理由はロシアのウクライナ侵攻につけこんだ党への批判の高まりなど「他者」転嫁だった。前者は定年制のなし崩しにつながる。後者の強がりは見苦しいだけだ。

〈本書収録時の追記〉

公明党は二〇二二年九月二五日に党大会を開催して、山口那津男代表の八選を無投票で承認した。代表は一期二年で、在職期間はすでに一三年に達している（一期目は前代表辞任による残任期間）。山口は二〇二四年の次の党大会時には七二歳になっている。異例の長期在職と高齢化により、組織の硬直化と世代交代の遅れが懸念される。

本文で述べたように、二〇二二年参院選において公明党の宮崎勝候補は現職ながら「補欠候補」だった。そして「順当」に次点で落選した。しかし二〇二二年一〇月六日付で繰り上げ当選となってしまった。近畿（福井を含む）ブロックから当選した熊野正士をめぐるセクハラ疑惑が週刊誌で報じられ、二〇二二年九月三〇日に熊野が議員辞職したためである。宮崎は二〇一六年参院選では事実上「補欠候補」だったにもかかわらず当選した。二〇二二年参院選で「やっと」落選できたと思いきや、再び議員バッジを付けることになった。いずれも本人にはその心の準備はなかったはずで、同情と苦笑を禁じ得ない。

宮崎が任期中に定年年齢を超えることも本文で指摘した。すでに山口のみならず、北側一雄副代表、斉藤鉄夫国交相にも定年制の例外が適用されている。もはや公明党の定年制は形骸化した。

一方、共産党は党員の松竹伸幸が二〇二三年一月一九日に「党首公選」を訴える異例の記者会見を開いて大揺れとなった。松竹はまた『シン・日本共産党宣言　ヒラ党員が党首公選を求め立候補する理由』（文春新書）を刊行した。奥付日付は一月一九日である。これに対して、共産党は二月六日付で松竹を党規約に違反したとして除名処分にした。同日に記者会見した小池晃・共産党書記局長は「異論があるから処分したわけでは全くない。党内で意見を述べることなしに突然攻撃をしてきたことが（処分の）理由だ」と述べた。「攻撃」という言葉遣いに強い違和感を抱く。党内の動揺を抑えるためなのだろう。

とまれ、党規約違反とはどういうことなのか。これについて、本書の刊行元であるロゴスの村岡到が「除名の理由は、「党首公選制」という異論のゆえではなく、持論を党内で主張しないで、党外で主張し分派を形成したことが党の規約違反というものであり、納得できる」と解説している（「党首公選ではなく党首信任投票を」『週刊金曜日』二〇二三年二月一七日号「言葉の広場」掲載）。日本共産党規約第三条（四）に「党内に派閥・分派はつくらない。」と規定されている。また、第五条（五）には「党の決定に反する意見を、勝手に発表することはしない。」とある。これらに抵触すると判断されたのだ。

除名された松竹は二月六日に記者会見を開き、「分派はこじつけにしかすぎない。ただ本を出すことが分派活動なら、憲法の言論や表現の自由が党員には許されないも等しい」と反論した。大手紙では朝日、毎日、産経が社説（産経は「主張」）で取り上げた。いずれも共産党の処分に批判的である。もちろん共産党はこれら三本の社説それぞれを反批判している。

第Ⅲ部

オススメ映画評

「真白の恋」（日本　二〇一六年）

とびきりいい映画を観ると、鑑賞後に形容しがたい感情の高まりに襲われる。このときばかりは、生きててよかったと思う。たとえば、『シェルブールの雨傘』（仏・一九六三年）を観た後、三階の映画館から建物の出口へと階段を降りる際には主題歌のメロディを無意識のうちに口ずさんでいた。あの高揚感を味わいたいがために、せっせと映画館に通っているようなものだ。だが、そんな映画にはめったにめぐり会わない。『真白の恋』（坂本欣弘監督）はまさにその一本だった。

舞台は富山県射水市。父の自転車店を手伝う主人公の渋谷真白《ましろ》（佐藤みゆき）には、軽い知的障害がある。その地へフリーカメラマンの油井景一（福地祐介）が東京から仕事でやってくる。二人はひょんなことから出会うことになり、真白は油井に惹かれていく。

当初、油井は真白の障害には気づかない。「ちょっとおもしろい子だ」くらいの気持ちで、真白に観光案内を願い出る。実はそれは真白にとって、人生初のデートだった。そのとき油井と自転車を二人乗りする真白が、油井の腰に手をかけるときの一瞬の戸惑いがしおらしい。絶妙の間合いで、佐藤の好演が一閃する。油井に「真白ちゃんも撮ってみない」と勧められて、真白は油井のカメラを渡されて油井からレンズを絞る手ほどきを受ける。二人の手が重なる。このシーンには真白の鼓動の高まりが聞こえるようだった。あらぬ方向へ進まないか、他人事ながら心配になった。

あるとき、油井は仕事の打ち合わせ中に、地元スタッフから真白の障害について知らされる。油井は「障害者ってなにをもってそういうんですか」といきり立つ。油井自身も仕事をめぐって浮いている存在だった。だったら自分も障害者ではないかと。

油井は真白のすべてを受け入れようとする。そして、東京に戻る直前に真白にどこか行きたいところはあるかと最後のデートに誘う。真白は「東京に行きたい」と答える。「それだけはだめだよ」と返す油井に、真白が「障害者だから？」と涙声で尋ねる。油井は無言を貫くほかなかった。

上映終了後の主演の佐藤みゆきさんによる舞台あいさつ。(筆者撮影)

真白の犬の散歩シーンではじまり、それで終わる淡い恋物語である。だが、深い含意が台詞のそこここにこめられている。考えさせられるシーンが多かった。それが説教くさくなく示唆的なのがニクイ。

映画好きからすれば、市内の内川を船で行く油井が、自転車に乗る真白をみつけ声かけするが、橋の下をくぐるたびにとぎれとぎれになるシーンは秀逸だ。『旅情』（英・一九五五年）を思い出させる。『旅情』はベニスが舞台だが、内川は「日本のベニス」と言われていることをあとで知った。また、真白が『男はつらいよ　奮闘篇』（一九七一年）のマドンナである榊原るみの役どころとダブってみえた。榊原扮する花子も軽い知的障害を抱え、寅さんに恋してしまうのだ。こんな「謎解き」も楽しいかもしれない。

真白の真っ白な恋。立山連峰をはじめ富山の風景も美しい。一食抜いてもぜひ観て！

（二〇一七年三月一日・渋谷アップリンク）

「マンチェスター・バイ・ザ・シー」（アメリカ　二〇一六年）

新宿武蔵野館はよくいく映画館である。新宿駅から至近で、しかも昨年一一月にリニューアルされてきれいになった。チケットカウンターには上映作品の空席状況を知らせるモニターがある。そして、ここに来るたびに「残りわずか」と表示されている映画があった。それが本作である。気になって仕方がなかった。時間の都合上、恵比寿ガーデンシネマに観に行った。

主人公リー（ケイシー・アフレック）は米ボストン郊外で便利屋として働く。腕は確かなのだが、顧客とすぐにトラブルを起こしたり、パブでは言いがかりをつけて客に殴りかかったりする。「なんでこんなにすぐキレるのか」といぶかりながら観ていくと、倒叙法でリーの過去が明かされる。ボストンと同じマサチューセッツ州にある小さな港町マンチェスター・バイ・ザ・シーで、彼は妻と三人の子どもに囲まれて幸せな日々を送っていた。

　ある冬の夜、二階の子どもも部屋で子どもたちを寝かしつけたあと、リーはビールが飲みたくなって近くの雑貨店に買いに出かける。部屋の暖炉に薪をくべてから。ところが彼はこのとき痛恨のミスをする。薪がはぜて火の粉が室内に飛ぶのを防ぐファイアースクリーンを立てるのを忘れたのだ。帰ってくると自宅は炎に包まれていた。一階の寝室から逃げ出した妻ランディ（ミシェル・ウィリアムズ）が子どもたちを助けるため家に戻ろうとするのを、近所の人が必死に止めている修羅場だった。家屋は全焼し子どもたち三人は焼死した。失意のどん底に突き落とされたリーは妻と離婚し、マンチェスター・バイ・ザ・シーを離れる。

　ところが、同地に住む兄ジョー（カイル・チャンドラー）が急死して、リーは久しぶりに帰郷する。そこで、兄が遺言として、自分の息子で一六歳のパトリック（ルーカス・ヘッジズ）の後見人をリーと定めていたことを知る。彼は兄の家でパトリックと暮らすことになる。部屋に三人の子どもの遺影を飾るが、このときリーは感情を抑えきれず、窓ガラスを拳で割って大けがをする。憂さ晴らしにパブにいけば、そこでまたけんかだ。彼にはこの町にいることが堪えきれないのだ。挙げ句の果てに、道で偶然にも元妻とも再会してしまう。「乗り越えられない」とリーはパトリックに打ち明ける。そして、リーは後見人を旧友のジョージ（C・J・ウィルソン）に委ねてこの町を後にする。

　父を失いながらも奔放な高校生活をエンジョイするパトリックとは対照的に、リーはけっして笑わない。笑いはあの瞬間で永遠に封印されてしまったかのように。そんなリーの陰影深い心象風景をケイシー・アフレックは見事に演じきって、今年度のアカデミー賞主演男優賞に輝いた。当然だろう。

ラスト近くでパトリックが食べかけのアイスクリームをポイ捨てするシーンはいただけない。

それはともかく、そこここに小さな伏線が張られていて、笑わせてくれる。おかげで、「人間はそんなに強くない」とのメッセージが説教くさくなく胸に響いてくる。連日の大入りに合点がいった。

（二〇一七年六月四日・恵比寿ガーデンシネマ）

「パターソン」（アメリカ　二〇一六年）

劇場内の席に座って予告編を観ながら、作品への期待を高める。どんな感動が待っているのだろう、どんなどんでん返しで「裏切られる」のだろうなどと。今回紹介する『パターソン』は感動して涙が止まらなくなる映画ではない。『ショーシャンクの空に』のような大どんでん返しがあるわけでもない。しかし、こんなに穏やかで心が癒やされる映画もあっていい。だれにでもある「終わりなき日常」を淡々と丁寧に描いている。細かな伏線の数々が爆笑ではなく微笑を誘ってくれる。

米ニュージャージー州パターソン市でバスの運転手をしている、その名もパターソン（アダム・ドライバー）がこの映画の主人公だ。月曜日の朝ベッドから起きるパターソン夫婦のシーンからはじまり、一週間後の朝の同じシーンで終わる。同じシーンといっても、起きる前の寝相は毎朝違うわけだから、写真〔初出誌には本作のポスター写真を入れた〕のようになる。

パターソンは六時から六時半の間に起きて、一人でコーンフレークの朝食をとる。平日は歩いてバスの車庫に向かう。出庫までの待ち時間に詩作に耽ってそれをノートに書き留める。

満島ひかりにちょっと似ていてかわいい妻ローラ（ゴルシフテ・ファラハニ）は専業主婦で、「天然」が相当入っている。内装に凝ったり妙な服装をしたり、いきなり通販でギターを買ったりと奔放な行動をとる。料理の腕は今ひとつだが、マフィン作りはうまい。パターソンはそのすべてをやさしく受け入れる。

二人の間に子どもはいないが、小さなブルドッグのマーヴィンを飼っている。夕食のあと、マーヴィンを散歩に連れ出すのがパターソンの日課だ。途中にあるパブでビールを一杯ゆっくり飲むのが彼のひそかな楽しみである。バスの車内で聞こえてくる客同士の会話やパブで繰り広げられる悶着などが、パターソンの詩作の糧になっている。

実はパターソンは痛恨のミスをしていた。せっかくの詩作ノートのコピーを取っていなかったのだ。それを心配したローラに週末に必ずコピーを取ると約束させられる。夜に二人はお祝いの映画鑑賞に出かける。帰ってくると、詩作ノートが散り散りされている。マーヴィンの仕業だった。自室にしまわずリビングにうっかり放置したのが運の尽きとなる。ローラはお仕置きにマーヴィンをガレージに閉じ込めるという。だが、パターソンは感情を露わにせずに静かにやり過ごす。

日曜日、そのマーヴィンを連れて郊外に散歩に出かける。そこで永瀬正敏扮する日本人の詩人と出会う。詩人同士の禅問答のような会話がおかしい。永瀬は日本語で書かれた自分の詩作ノートをみせる。怪訝な顔をするパターソンに、「詩の翻訳はレインコートを着てシャワーを浴びるようなものだ」と説明する。パターソンはその変わった比喩にほほえむ。

そして次の月曜日の午前六時過ぎ。いつもの一週間がまたはじまる。

ところで、洋画の字幕が画面の下に出るようになったのはいつからなのか。前席の客の頭が邪魔で読むのにいらいらする（特にここは！）。かつてのように画面の左右に出してほしい。

（二〇一七年八月三〇日・新宿武蔵野館）

「婚約者の友人」（フランス・ドイツ　二〇一六年）

主人公のアンナ（パウラ・ベーア）の清楚な美しさと相手役のアドリアン（ピエール・ニネ）のイケメンぶりにうっとりしてしまった。しかも色使いがニクイ。第一次大戦直後のドイツとフランスを舞台にしたこの映画は、モノクロではじまる。こんな二人をカラーで観たいという欲求が徐々に募っていく。そこで「お待たせ」とばかりに要所要所をカラーにして、観る者をときめかせる。

ドイツ人のアンナにはフランツという婚約者がいた。だが彼は独仏戦線で戦死してしまう。身寄りのないアンナはフランツの両親と暮らしている。そこへフランス人のアドリアンが訪ねてくる。フランツのフランス留学時代の親友だと自己紹介する。最初は心を閉ざしていた両親やアンナもやがて打ち解けて、アドリアンが語るフランツの思い出話に熱心に耳を傾けるようになる。アドリアンが帰国する前日に、フランツの両親は彼を夕食に招待する。しかし、一向にアドリアンは現れない。アンナは胸騒ぎを覚えて、フランツの墓にいく。やはりそこにアドリアンがいた。

実はアドリアン来独の本当の目的は、彼らに赦しを請うことだった。雨に打たれながらアドリアンは打ち明ける。フランツの友人というのは嘘で、前線で鉢合わせしたフランツを自分はとっさに撃ってしまった。フランツの上着に入っていたアンナ宛ての手紙を読んで、良心の呵責に耐えきれずに来たのだと。

衝撃の事実を知らされたアンナは入水自殺を図る。危うく初老の男性に救われる。「死は戦争だけで十分だ！」とたしなめられる。とはいえ心の傷は癒えない。パリのアドリアンからアンナに手紙が届く。同封されていた両親への謝罪文をアンナは暖炉に投げ入れる。両親には「勧進帳」のように白紙の手紙を読み聞かせて、アドリアンの健在を伝える。

「時薬《ときぐすり》」という言葉がある。時の流れは悔やみきれない痛手でも癒やしてくれる。ようやくアンナはアドリアンに赦しの返事を書く。しかしそれは転居先不明で戻ってきてしまう。今度はアンナがアドリアンを探しにフランスに旅立つ。パリの駅に着いたアンナが目にしたのは傷病兵の群れだった。自分と同じ境遇の女性はここにもいるのだ。もはやアンナはアドリアンに心を奪われていた。

やっとアドリアンと再会できたアンナは、両親も彼を赦してくれたと嘘をつく。アドリアンは「一番うれしい言葉だ」と相好を崩す。だが嘘には報いがある。彼には婚約者がいたのだ。失意のアンナは、駅まで送ってくれたアドリアンと最初で最後のキスを交わす。このシーンが最高に美しい。ただ、直後にアンナは「もう手遅れよ」とつぶやく。不吉な結末を予感させる。

アンナはいわばポスト・トゥルースで周囲を収めた一方、自分は二度も打ちのめされた。ラストはルーブル美術館にあるマネの作品「自殺」の前だ。意外にも、ここでアンナは「この絵を見ると生きる勇気が湧いてくる」と言い切って、毅然と去って行く。重いが救われた気分になった。『未成年　続・キューポラのある街』（一九六五年）で、ジュン（吉永小百合）が前を向いて歩いて行くラストが頭に浮かんだ。

（二〇一七年一一月二五日・シネスイッチ銀座）

「タクシー運転手　約束は海を越えて」（韓国　二〇一七年）

一九八〇年五月、韓国・光州で市民による大規模な反政府蜂起が起こった。光州事件とよばれる。日本でもそれを支援する動きが広がり、私が入学したばかりの大学のキャンパスでもハンストが打たれたのをかすかに覚えている。それが本作品の主題になっている。というと、凄惨なシーンばかりではないか。そうした「期待」は映画の冒頭で見事に裏切られる。

主人公のソウルのタクシー運転手マンソプ（ソン・ガンホ）はまったく政治に関心がなく、市内の学生デモによる渋滞に日々うんざりさせられていた。商売にならず家賃も滞納する始末であった。そこに、光州事件を取材に来たドイツ人記者ピーター（トーマス・クレッチマン）から、光州往復で一〇万ウォンという儲け話が転がり込む。軍が制圧する光州には通行禁止時間が設定され、ピーターは現地入りを急いでいた。お調子者のマンソプはそれ飛びつき、英語もできないのにピーターを後部座席に乗せて一路光州を目指す。

ところが、マンソプのおんぼろタクシーは故障してその時間までに光州に辿り着けなかった。それでも翌日、ピーターの機転で軍の非常線を通過することができた。修理の際にナンバープレートを、「ソウル」では不審がられるからと「光州」と書かれた偽プレートに取り替えていたのも効いた。光州市内は水を打ったように静かだった。しばらく進むとデモに行く学生たちを乗せたトラックに出くわす。彼らに誘導されて軍と対峙する最前線へとタクシーは向かう。それまでのコメディチックな場面展開から一転して、息をのむ軍による市民弾圧が迫力満点にスクリーンに映し出される。ピーターは命の危険も省みず、夢中でカメラを回し続ける。私服軍人がそれに気づき、二人を追いかけ回すがその日はどうにか逃げ切る。

次の大規模衝突で多くの市民が病院に担ぎ込まれた。二人が駆けつけると、現地で通訳を買って出てくれた学生の虐殺死体が横たわっていた。レンズを向ける気を失ったピーターにマンソプは、撮影して世界に発信しろと叱咤する。映画前半のお調子者ぶりからは想像できないマンソプの「成長」だ。

撮影を終えてソウルに戻る車内で、ピーターは助手席に座っている。二人の関係は運転手と客から同志に変わっていた。とはいえ光州脱出も容易ではない。地元の同業者から、マンソプは山中の抜け道を教えられた。だが、そこも軍が検問していた。二人は車から降ろされ、車内をチェックされる。隠したフィルムが見つかればアウトである。軍人は車のトランクも検める。覆いをめくると、取り替え前のソウルのナンバープレートがあった。一巻の終わりだと私が思った瞬間に、その軍人は部下に「通せ」と命じる。

この映画は事実を基にしたフィクションなので、こうした目こぼしが本当にあったのかはわからない。ただ、軍内には市民に銃口を向けることに反発していた勢力もいたのか。

二人は金浦空港で別れ、東京からピーターは光州事件の実情を全世界に暴露する。その後、ピーターはマンソプに再会しようと懸命に探すが、みつけ出せないまま他界してしまう。必見！

（二〇一八年四月二九日・シネマート新宿）

「カメラを止めるな！」（日本　二〇一八年）

各種の映画レビューで高い評価を受けていた。これは観に行かなければ。ところが、それは私の苦手なホラー映画だった。ホラー映画を撮っている撮影クルーがゾンビに襲われるという筋立てで、さしておもしろくない。これでなぜ絶賛されるのか。四〇分近く経ってエンドロールが流れる。どう理解していいのか。席を立ちたくなった。ところが！

「一か月前」と字幕が出て、場面は一変する。実はこの前振り映画は、ホラー専門チャンネル開設の第一回の放送分として作られたことが明かされる。監督に起用された「安い、早い、質はそこそこ」が評判の日暮隆之（濱津隆之）は、テレビ局から生放送・全編ノーカットで撮るよう求められる。つまり「カメラを止めるな！」

集められた俳優たちはみな曲者ぞろい。女優役の松本逢花（秋山ゆずき）は「かわいこぶりっこ」丸出しでごねるし、ゾンビ役の細田学（細井学）はアル中だし、録音係役の山越俊介（山﨑俊太郎）は出された硬水のペットボトルに「おなかを壊す」と苦情を言う。監督役の黒岡大吾（イワゴウサトシ）とメイク役の相田舞（高橋恭子）は不倫関係にあった。

日暮の妻・晴美（しゅうまはるみ）は元女優で、娘の真央（真魚）はVシネマのADをしている。母親譲りの一途な性格ですぐに周囲と衝突し、父とも口をきかなくなってしまう。一方、晴美は内心では女優への思いを捨てがたく、日暮の台本を熟読していた。晴美は真央と二人で撮影の見学を日暮にねだって、認めさせる。

ついに撮影当日。同じ車で現場に向かっていた黒岡と相田が、交通事故で到着できないとの連絡が入る。日暮は監督役を自身が演じ、メイク役には晴美を充てることを決断する。そして放送開始。

台本どおりに進まない事態が次々に発生する。酔い潰れて使えない細田、硬水を飲んで現場で排泄してしまう山越などなど。晴美は役に入れ込みすぎてかえって邪魔に。もはやこれまでと、モニター室は「しばらくお待ち下さい」の画面を出そうとする。そこに真央が飛び込んできて、てきぱきと指示して話をつなげる。真央自身も台本を頭にたたき込んでいた。

そんな撮影中にラストシーンで使うクレーン機材が壊されてしまう。これがないとラストが撮れない。モニター室にいたプロデューサーの古沢真一郎（大沢真一郎）がカメラワークの変更を提案する。日暮は珍しく台本を叩きつけて抵抗するが、所詮「質はそこそこ」の監督だと我に返って従おうとする。ここで、真央が台本から落ちた一枚の写真を拾ってひらめく。そして「今動ける人間何人いる？」と叫ぶ。

映画はラストシーンへ。真央は人間ピラミッドを作らせて、カメラを手に最上段にいる日暮の上に立ち上がってラストを撮りきる。真央が手にした写真には、子どもの真央を肩車する日暮が写っていた。父娘の関係修復が裏テーマだったのだ。

放送を観終えたテレビ局幹部の笹原芳子（竹原芳子）が、「みんな、これから忙しなるで」とご満悦に話す。背後でのドタバタなどつゆ知らずに。このシーンがいい。映画のポスターに「席を立つな。」とある。おもしろかったぜ！

（二〇一八年八月一三日・TOHOシネマズ日比谷）

「パッドマン　5億人の女性を救った男」（インド　二〇一八年）

実話をもとにしたセミノンフィクションの映画。まず、この映画ポスターに度肝を抜かれる。主人公のラクシュミ（アクシャイ・クマール）が左手に掲げているのは生理用品である。

二一世紀に入っても、インドの女性の生理用品使用率は一〇％そこそこにすぎなかった。高価なため、多くの女性は不衛生な布で処理していた。このため死に至る場合もあった。それを医師から教えられたラクシュミは最愛の妻ガヤトリ（ラーディカー・アープテー）を思って、奮発して生理用品を買って帰る。ガヤトリはその値段をきいてとても使えないと突き返す。

そこでラクシュミは実物を検分して、こんな単純な製品が五五ルピーもするのかと憤る。そして綿と接着剤を使って自作を試みるのである。次の月経時にガヤトリに使わせるが失敗に終わる。改良を重ねてももう彼女は応じてくれない。女子医科大に赴いて協力者を募っても徒労に。ならばと、女性用下着をはいて知人から動物の血をもらい自ら着用する。最初こそ順調だったものの、やがて血を吸収しきれずズボンが血だらけになる。気を動転させたラクシュミは聖なるガンジス川に飛び込んでしまう。川を血で汚した彼は村にいられなくなり、ガヤトリは実家に戻される。

それでもラクシュミは大学教授の使用人として働きながら、情熱を絶やさない。ついにあるとき、生理用品にはセルロース（繊維素）が使われていることを知る。メーカーに照会してセルロースのサンプルを取り寄せる。届いたのは白い板状のものだった。先方の間違えだとラクシュミはそれを放り出す。そこに教授宅に飼われていた犬が寄ってきて、前足でその板状のものを引っ掻きまわす。するとみるみる綿状に形状が変わる。この犬の演出はうまい。

ようやく満足できる試作品が完成する。ただそれを試してくれる女性がみつからない。ある夜、その用意がなくて困っていたパリー（ソーナム・カプール）に出会う。翌朝、ラクシュミはパリーに使い勝手を尋ねにいく。そして、あれは自作の製品であると打ち明ける。パリーは驚きながらも、市販のものと変わらなかったと言う。この一言が彼の人生を一変させる。

ラクシュミの簡易な生理用品製造機はインドの発明大会で優勝する。製品はわずか二ルピーで売られた。パリーの協力を得て販売システムを整え、瞬く間に女性たちに受け入れられていく。この功績からラクシュミは国連にまで招待される。彼は感動的なスピーチを行い、パリーとともにホテルに戻る。二人が抱擁しようとした瞬間にラクシュミのスマホが鳴る。ガヤトリからだった。パリーはラクシュミの心の内を察知して身を退く。このシーンは切ない。帰国した彼はガヤトリと再会してエンドとなる。

イギリス映画『わたしは、ダニエル・ブレイク』（二〇一六）に、困窮した女性が生理用品を万引きして捕まるシーンがある。ラクシュミは貧しい女性たちのまさに救いの主だった。

生理用品という扱いづらいテーマを真正面にすえ、コミカルに仕上げたR・バールキ監督の手腕はすごいと思った。『パッドマン』というタイトルもうまい（padとは生理用ナプキンの意）。「朝日新聞」（二〇一九年）一月四日に関連記事あり。（二〇一八年一二月一二日・TOHOシネマズ新宿）

「バイス」（アメリカ　二〇一八年）

アメリカの副大統領（Vice President）といえば、公選されるが、名誉職的色彩の濃いポストである。しかし、ブッシュ（子）政権の副大統領を務めたディック・チェイニーは例外だった。この映画はそんな彼の青年期から副大統領期までを描く「まさかの実話！」の作品である。

チェイニーには青年時代に飲酒運転と傷害事件で二度の逮捕歴がある。名門イェール大学の超優等生の恋人リンから、もう一回警察の厄介になったら別れる、自分は母親のように夫からの暴言や暴力に耐え続ける妻にはなりたくない、と強く諭される。リンが嘆く一九六〇年代のアメリカ人女性の境遇は、私が偶然にも少し前に観た映画『ビリーブ』のモチーフだった。

さて、さえない青年は政治と出会うことで、水を得た魚のように出世街道を突き進む。妻となったリンも彼を誇りに思うようになる。二人の娘にも恵まれる。ただし、リンの妊娠を理由に彼は兵役を逃れるのだが。そして、共和党のフォード政権では史上最年少の三四歳で大統領首席補佐官になる。しかし、フォードは再選を果たせなかった。チェイニーはホワイトハウスを去り、一九八七年の中間選挙で下院議員に初当選する。その後も当選を続け実力を蓄える。ブッシュ（父）政権では国防長官に就いた。ただブッシュも再選されず、チェイニーは政界を去って、故郷ワイオミングでリンと悠々自適の生活を送る。

これで終わりのはずはない（終わりなら二一世紀の世界は平和だった）から、大笑いしながらどんでん返しを待つ。すると電話が鳴る。共和党の大統領候補に指名されたブッシュ（子）からだった。「会うだけだ」とリンに言い残してチェイニーは出かける。予想どおり、ブッシュに副大統領候補を打診される。チェイニーは、断るが候補者探しには協力すると答えた。自分を高く売る時間稼ぎだったのだ。

やがて二人は再協議する。そこでチェイニーは、あなたと自分とでは役割が異なる、自分は内政・外交・国防などの分野を担当したいと切り出す。妻に言われた「大統領が死ぬのを待つだけが仕事」の副大統領にならないためだった。自分の権限をほとんど奪われるこんな屈辱的な条件を、ブッシュはフライドチキンを頬張りながら聞いて、ばかっぽい表情で承諾する。このシーンは最高に笑えた。ブッシュがチェイニーの操り人形になった瞬間だ。

ブッシュ政権となり「9・11」が起きる。おろおろする大統領は閣僚間で意見が対立するとチェイニーをすがるように見る。さらにチェイニーは、フォード政権の補佐官時代に聞きかじった「行政権一元化理論（Unitary executive theory）」という憲法の途方もない拡大解釈を持ち出す。大統領の命令はすべて合法とする憲法学説だ。これによれば、盗聴でも拷問でも主権国家への攻撃でもすべて合法的行為として免罪される。そして、侵略戦争にほかならないイラク戦争へと突き進むのだ。実はチェイニーは石油関連会社の大株主で、この戦争で同社の株価が五倍に跳ね上がった。彼の大もうけの対価が何十万人もの死である。

ホワイトハウスや米政界上層部で頻繁に飛び交う下品な言葉の数々には呆れた。

（二〇一九年四月八日・TOHOシネマズ新宿）

「僕たちは希望という名の列車に乗った」（ドイツ　二〇一八年）

ベルリンの壁の建設がはじまるのは一九六一年のことである。それに先立つ五三年から、東ドイツ国民は西ベルリンに入る際には政府の許可を必要とされた。そして、この映画の題材となった事件は五六年に起こった。ポーランドと国境を接するスターリンシュタット（現アイゼンヒュッテンシュタット）に住む高校生二人が、一方の祖父の墓参りを口実に列車で西ベルリンへ向かう。花束を持参して車内の検問をパスした。二人は墓参りもそこそこに西ベルリンの映画館に潜り込む。そこで流されたニュース映像から、ハンガリー動乱で多くの市民が犠牲になっていることを知る。

学校に戻った彼らはこれに抗議するために、朝の始業時から二分間黙祷することをクラスメートに提案する。そして実行される。何を尋ねても答えない生徒たちに教師は激高し、校長に事態を報告する。校長はさらに上に連絡し、その地域の日本でいえば教育委員会のトップが調査にやってくる。しかし、生徒たちは首謀者二人がだれか口を割らない。ついにはランゲ国民教育大臣までが学校を訪れる大事に発展する。スターリン死後の五三年に起こった東ベルリン暴動以来、「ウルブリヒト政権は国民にたいする病的な疑念をいっそう深めていた」のだ（ヒルトン二〇〇七：一八）。

調査官は生徒たちを分断して追い詰め、校長は退学をほのめかして吐かせようとする。この学校はエリート校で、卒業すれば東ドイツで輝かしい未来が約束されていた。これらが奏功してある生徒が二人の名を調査官に明かす。一人の生徒の父親は市議会議長という要職にあった。

翌日、調査官は議長を守るため、名を告げた生徒の父親が戦時中にナチの協力者だった過去を持ち出して、その生徒に罪をかぶせようとする。真実を知っている生徒たちはこの説明に納得せず、「私もです」「私も賛成しました」と次々に言い出して、教室は大混乱に陥る。教室は閉鎖となり、彼ら一九人は西ベルリン行きの列車に乗る。希望を託して。

高校生の二分間の行動に当局がここまであわてふためくとは。当時の東ドイツ政府が政権維持にいかに自信がなかったかがわかる。

旧東ドイツに生まれて、二四歳でドイツ統一を迎えたフランク・リースナーはこう書いている。「東西を分断する占領地区間の境界線は、まるで東ドイツが血を流している大きな傷口のようだった。何もしなければ東ドイツは失血死しただろう。教育を受けた優秀な若者たちはさらに西側へ流出し、人口は劇的に減少したに違いない。（リースナー 二〇一二：六二）。

本作品を観て、ようやくこの文章を具体的にイメージできるようになった。

ところで、一貫して沈痛な表情を浮かべる校長役は、映画『グッバイ、レーニン』（独・二〇〇三）で軽薄な青年を演じたフロリアン・ルーカスである。好対照の配役に大笑いした。

参考文献：

クリストファー・ヒルトン、（鈴木主税訳）（二〇〇七）『ベルリンの壁の物語　上』原書房。

フランク・リースナー、（清野智昭監修・生田幸子訳）（二〇一二）『私は東ドイツに生まれた』東洋書店。

（二〇一九年五月二六日・Bunkamura ル・シネマ）

「男はつらいよ　お帰り 寅さん」（日本　二〇一九年）

私は「男はつらいよ」シリーズ全四九作のほとんどを観ている。ただし、すべてビデオ鑑賞であり、映画館で観たことはなかった。

ところで、新潟の実家で一人暮らしを二〇年以上続けて八五歳になった母親を、昨年一一月に相模原の高齢者施設に入所させた。年越しには自宅に招いた。母親も寅さん映画が好きなので、二二年ぶりの第五〇作となる本作品を元日に二人で観に出かけた。銀幕での初寅さんである。

寅さん（渥美清）の甥の満男（吉岡秀隆）は小説家になっている。高校生の娘もいる。ただし妻は六年前に病没していた。満男の最新作が高い評価を受けたため、都内の大型書店でサイン会が開かれた。そこに、満男の高校時代の恋人・泉（後藤久美子）が現れる。彼女はヨーロッパ在住で国連難民高等弁務官事務所（ＵＮＨＣＲ）に勤務している。その仕事で日本に出張し、たまたま立ち寄ったその書店で満男のサイン会に出くわしたのだ。

サイン会終了後、二人は神田神保町で寅さんの恋人だったリリー（浅丘ルリ子）が経営するジャズ喫茶へ。そこで思い出話に花を咲かせる。泉は現地で結婚して二児の母となっていた。満男は妻の死には触れない。その後、いまでは「カフェくるまや」となった寅さんの実家に行く。そこには寅さんの妹・さくら（倍賞千恵子）とその夫・博（前田吟）が住んでいる。高齢者住宅らしく土間から居間に上がるための手すりがあり、居間の畳の上にはテーブルと椅子が置かれている。

映画「水溜り」（1961）終映後の舞台あいさつ時の倍賞千恵子・神保町シアターにて筆者撮影（2017年９月６日）

翌日、泉は三浦半島にある介護老人保健施設にいる父親（橋爪功）に会いに満男の車で出かける。離婚した母親（夏木マリ）が先に着いていた。元夫にけんもほろろにあしらわれて、帰りの車内で母親は泉と大げんかする。満男は必死で仲裁する。

明くる日、満男は泉を空港まで送る。別れのあいさつの後、満男は搭乗へと向かう泉を呼び止める。そして妻の他界を打ち明ける。なぜもっと早く言ってくれなかったのかと尋ねる泉に、「君に負担をかけるといけないと思って」と答える満男。「満男さんのそういうところが好き」と泉はたまらず満男にキスをする。満男のわずか三日の淡い恋はこうして終わる。

随所にシリーズの名場面が回想シーンとして挿入されている。満男の運動会に博の代わりに行くことを頼まれはりきる寅さんに、満男がそれをいやがって周囲も察知する。「お兄ちゃん、わかってよ」とさくらに言われてふてくされる寅さん。自分あてに届いたメロンを、自分を勘定に入れずに切られてしまい、激怒する寅さん。第四二作で名古屋に向かう泉を東京駅で満男が見送るシーンがある。ドアが閉まる寸前に満男が飛び乗る。この原型は第一作で柴又駅に博を追いかけていったさくらが、博の乗った京成電車に飛び乗るシーンにあったと気づいた。

ラストにはシリーズを彩ったマドンナたちが次々に登場する。京マチ子（第一八作）だけは「寅さん、人はなぜ死ぬんでしょう」と台詞付きだった。超高齢社会のいまの日本が裏テーマなのだ。まさに私にも身近な内容だった。エンドマークが出ると、劇場内から拍手が起こった。

ゴクミがもうちょっとうまければなあ。「それを言っちゃあ、おしまいよ」か。

（二〇二〇年一月一日・TOHOシネマズ府中）

「馬三家からの手紙」（カナダ　二〇一八年）

二〇一二年一〇月にアメリカ・オレゴン州に住む女性が、ハロウィーン用の飾り物が入った段ボールを開けた。すると中から英語と中国語で書かれた手紙が飾り物にまぎれて出てきた。それは中国・遼寧省瀋陽市にある労働教養所の入所者が命がけでしたためたものだった。労働教養所の実態を告発し、手紙を人権団体へ転送してほしいと求めていた。

女性は戸惑いながらもその指示に従った。やがてそれは全米で大きく報じられ、労働教養所で日常化していた拷問や虐待は国際的に強い批判にされされることになる。中国は二〇一三年一二月にその廃止に追い込まれた。

その過程で手紙の書き手は孫毅《スンイー》という男性であることが判明する。彼は「法輪功」の活動に加わっていたかどで、当局により拘束され馬三家《マサンジャ》の労働教養所に送られたのだった。二〇〇八年から約三年間そこで塗炭の苦しみを味わった。カナダ在住で中国の人権侵害を取り上げてきた映画監督のレオン・リーは、暗号化されたスカイプで孫毅と連絡をとり、映画づくりをもちかける。孫毅はそれに応じて、リーから撮影のノウハウを教わる。そして、カメラをもって労働教養所のあった馬三家を訪ねて撮影を敢行する。あるいは、彼を拷問した元看守たちにも会いに出かけて、笑顔のツーショットを映像に収める。元看守とて好きこのんで暴行していたわけではない。やらなければ、自分が上司から苛まれるのだ。元看守たちは堂々と顔を出して、過去の蛮行を涙ながらに懺悔する。後事が心配になった。

労働教養所でなにがあったのか。孫毅がスケッチしたものが映画内ではアニメーション化されて再現される。一つのベッドを二人で頭と足を互い違いにして眠る。夜通しの作業ではうとうとすると看守から電気ショックを受ける。孫毅はベッドで何十通もの手紙をつづり、作業の休憩時間中にこっそり箱にしのびこませる。あるとき、その手紙を床に落としてしまい看守にみつかる。看守はだれの仕業かつきとめるために収容者を次々に拷問にかける。手足を縛って吊し上げ、眠りに落ちて膝を曲げると激痛が走り目が覚める。孫毅にはこれが何日も続けられたが、とうとう口を割らなかった。

とはいえ、孫毅は決して屈強な体つきではなく、拷問に耐え抜いた闘士というイメージからはほど遠い。華奢で物腰穏やかな中年である。どこにそんな胆力を秘めていたのだろうか。

出所後も孫毅は当局にマークされ行動や生活を妨害される。そこで二〇一六年一二月に孫毅は中国脱出を試みる。当然パスポートをチェックされ頓挫すると思いきや、あっけなく成功する。そしてインドネシアに滞在して、亡命申請が許可されるのを待つ。そこへオレゴン州の女性が訪れる。この場面だけは心が和んだ。

映像はここまでである。その後は字幕で説明される。それが衝撃的だった。やがて孫毅は中国当局者の接触を受ける。そして二〇一七年一〇月に孫毅はバリ島で「病気」のため急死してしまうのだ。孫毅に病歴はなく怪死である。

参考文献：古谷幸一「新龍中国（19）『馬三家からの手紙』監督インタビュー」『週刊金曜日』二〇二〇年三月二七日号。

（二〇二〇年三月二七日・新宿 K's cinema）

「コリーニ事件」（ドイツ　二〇一九年）

戦後西ドイツ司法の暗部を告発したフェルディナント・フォン・シーラッハの同名の小説を映画化した作品である。

二〇〇一年ベルリンの高級ホテルで、大企業の重役ハンス・マイヤーが惨殺される。犯人は在独三〇年以上のイタリア人ファブリツィオ・コリーニだった。新人弁護士でトルコ出身のカスパー・ライネンが国選弁護人として彼の弁護に当たることになる。実はライネンにとって、マイヤーは親同然に自分を育ててくれた大の恩人だった。ライネンはそれを受任直後に気付く。その葛藤を棚上げにして、弁護士の職務を全うしようと決意する。

ところが、接見に行くとコリーニは黙秘を貫くばかりだった。最後の切札として、ライネンはトルコ出身である身の上を明かして、イタリアから来たコリーニの口を開かせようとする。だが通じない。もはやここまでとライネンは接見室を出て行こうとする。ここでついにコリーニが言葉を発する。「親は健在か」と。「そうだ」と答えるライネンにコリーニは「大切にしろ、いつまでもいると思うな」と返す。このやりとりの意味があとでわかる。

ライネンは打開の糸口を求めて、コリーニの生まれ故郷イタリアのモンテカティーニを訪ねる。そこで大きな手がかりを得る。コリーニの父親は一九四四年に若くして亡くなっていたのだ。調査を進めると、マイヤーはナチの親衛隊（ＳＳ）の将校でこの地方を統轄していたことがわかる。統轄下のピサでパルチザンのテロによりＳＳ隊員二人が殺される事件が起こった。マイヤーは報復として、一〇倍の二〇人の処刑を命じる。「人狩り」の地に偶然指定されたのがモンテカティーニだった。

そして、コリーニの父親が二〇人のうちの一人にされてしまう。マイヤーはまだ子どものコリーニを腕に抱えて「強くなるためによくみるんだ」と父親の射殺シーンをコリーニに見せつける。それ以来、マイヤーへの復讐がコリーニの生涯の目標となる。戦後、この事件でコリーニは西ドイツ政府を告訴する。しかし、一九六〇年代にアデナウアー政権はナチの戦争犯罪を不問に付す法律を制定していた。加えて、今回の裁判でマイヤーの公訴参加代理人を務める刑法の大家マッティンガーが、その立法作業に携わっていたことが判明する。ライネンもマッティンガーの教えを受けていた。

ひるまずにライネンは、法廷で恩師に容赦なくこの法律の不当性を質す。これが法治国家といえるのか、今の国際法からすれば戦争犯罪だと迫る。ついにマッティンガーは「そのとおりだ」と認める。胸がすく大逆転の瞬間である。

判決を言い渡す翌日の法廷で被告人席にコリーニの姿がない。いやな予感が走る。案の定だった。やがて入廷した裁判長が、コリーニは拘置所内で自殺したと告げる。その少し前にコリーニの房内の様子がはじめてワンカット映し出されていた。これが伏線だったのだ。

裁判長は被告人を「さん」付けで呼んでいた。日本でも無機質な「被告人」ではなく、この呼び方を導入すべきではないか。

ラストシーンがいい。これだけは書かずにおきます！（二〇二〇年六月二八日・新宿武蔵野館）

「ミッドナイトスワン」（日本　二〇二〇年）

ＳＭＡＰの草彅剛が、身体的な性は男性であり性自認は女性であるトランスジェンダー役を見事に演じる。こんなにすごい俳優だったのか。

凪沙《なぎさ》（草彅）は新宿のニューハーフショークラブで働いている。演し物に「白鳥の湖」を躍る。珍奇なものでもみるような客たちの視線に決して心は満たされない。加えて、毎週クリニックで女性ホルモンの筋肉注射を打つことは身体的・経済的に大きな負担だった。

あるとき広島の実家の母親から電話がかかる。凪沙のいとこのシングルマザーが養育を放棄した女子中学生を、しばらく預かってほしいというのだ。凪沙は養育費も入ることから渋々受け入れる。

一果《いちか》（服部樹咲）というその子は暗い表情で一言も発しない。実は自分の前腕をかむという自傷行為をしていた。自分をうまく出せず、転校先でからかいに来た男子生徒に椅子を投げつけてしまう。

そんな一果なので友だちができるはずもない。たまたま下校途中に女子生徒たちのバレエ教室の話を小耳に挟む。その教室をのぞきに行き、やがて生徒になる。一果にはバレエの経験があったのだ。しばらくすると、教室の先生は一果の才能に気づく。月謝が払えないという凪沙に「育ててみたいんです」と訴える。

凪沙にとって一果が生きがいとなった。食事に気を配り、仕事を変えて男性としての働き口をみつける。不思議がる一果に「あなたのためよ」と言ったところ、一果は「頼んでないじゃろ」と激高して、朝食をひっくり返す。このシーンはつらい。その後、母親が迎えにきて、一果は広島に戻る。

一方、凪沙は手術費用の安いタイに飛んで性転換手術を受ける。心身ともに女性になった凪沙は広島へ一果を迎えにいく。しかし、母親たちと小競り合いになり、その最中に凪沙の着衣がはだける。そこに膨らみかけている乳房がみえるのだ。母親と暮らす男は「この化けもの」と凪沙を追い出す。

シーンは一果の卒業式に変わる。はじめて一果は笑顔をみせる。中学校を卒業したら東京に出ることを母親と約束していた。しかも、アメリカのバレエ学校の奨学金も取れたのだった。一果は渡米前にかつて暮らした凪沙のアパートを訪ねる。凪沙は予後が悪く布団に横たわり、目が見えずおむつは血に染まっていた。凪沙は一果に海が見たいとせがむ。翌日海岸で凪沙はうわごとのように、子どものとき水泳の授業で自分は男子の海パンをはいていたが、スクール水着を着たかったという。

そして、一果に踊ってほしいとねだる。当初はいやがっていた一果だが、意を決したように砂浜で「白鳥」を舞う。

ラストの舞台はアメリカ。一果が渡米して一年が経っていた。バレエコンクールの出番前に一果は「みてて」とつぶやいて演技へと向かう。一果役の服部は本物のトップバレリーナである。注射針を腕に垂直に刺す筋肉注射も正確に映し出されていて、迫力満点だ。

いい映画だけに憎まれ口もたたきたい。海辺で一果が踊り終わったあと海に入っていくシーンには既視感がある。たとえば『パーフェクト・レボリューション』のリリー・フランキーがそうだった。あっ、これもマイノリティをテーマにした映画でしたね！

（二〇二〇年九月三〇日・TOHOシネマズ府中）

「戦車闘争」（日本　二〇二〇年）

新潟の実家で一人暮らしをしていた母親を昨年一一月に相模原市の高齢者施設に転居させた。JR横浜線の相模原駅南口から東方向に延びるさんはぜ通りを歩いて一〇分ほどのところである。駅の北口には広大な米国陸軍相模総合補給廠が見える。さんはぜ通りをさらに進むと西門通りという大通りにぶつかる。この西門とは相模総合補給廠のメインゲートの通称である。

一九七二年八月から九月にかけて、西門通りには西門からの戦車搬出に抗議する人びとが続々と集まった。ベトナム戦争で破損した米軍と南ベトナム軍の戦車は横浜ノースドックまで船で運ばれ、そこからトレーラーに載せられ相模総合補給廠へと陸送された。ここで修理されて再び戦場に投入されることになる。本作品は搬出阻止闘争に参加した人びとの証言や研究者の解説に当時の映像を重ねて、日本はベトナム戦争に「参戦」していた事実を暴き出す。

横浜ノースドック手前に村雨橋という橋がある。戦車を積載したトレーラーはこの橋を渡っていた。村雨橋については、一定重量・幅以上の車両の通行を禁じる車両制限令によって、二一〇トン以上の車両が通行するには許可を必要とした。ところが、戦車トレーラーはこの制限重量を大きく超えていたにもかかわらず、車両制限令に違反して無許可で通行していたのだ。この事実判明が闘争に「法的根拠」を与えた。西門通りには社会党、共産党、新左翼各セクト、べ平連や「ただの市民が戦車を止める」会などの市民団体、労働団体などがテントを構えて、テント村が形成された。

革マル派が一番いい場所をとった。当時の参加者が「あいつらは目立つことしか考えていなかった」と批判する。機動隊に追われた学生が共産党のテントに逃げ込むと、「暴力学生！」と罵られ追い返された。代々木の指示でしか動かない共産党はひどかったと目撃者は憤る。

いずれにせよ、西門前を人びとが占拠することで戦車は止められたのである。

日本政府は九月一二日に「ベトナム向けの搬出はしない」などの方針を示して、相模原市と横浜市は戦車トレーラーの通行を許可した。九月一八日夜から早朝にかけて機動隊による数千人の占拠者の排除が行われた。ジュラルミン盾で占拠者の頭をたたき割る機動隊の暴行が語られる。こうして戦車の搬出が再開された。その後、一〇月一七日に政府は「車両制限令は米軍と自衛隊の車両には不適用」とする閣議決定を行うのだ。在日米軍の活動は治外法権とする日本は法治国家とはいえまい。

闘争礼讃ばかりの映画ではない。占拠者は近隣住民に多大な迷惑をかけたことも証言からわかる。機動隊員の言い分や戦車輸送を請け負った運輸会社の経営者の苦悩も紹介される。また、補給敞では三五〇〇人もの日本人が修理作業に従事していた。その経験者が、搬入されてきた戦車に人肉が絡みついていたと明かすシーンには心が凍った。

研究者として何度も登場する栗田尚弥・國學院大學講師は私の大学院生時代の大先輩。ラストで「こんなカネにならねぇこと研究して」と苦笑する。栗田著『キャンプ座間と相模総合補給敞』（有隣新書、二〇二〇）を買ってください！

（二〇二〇年一二月二五日・ポレポレ東中野）

「マンディンゴ」（アメリカ　一九七五年）

アメリカの奴隷制度について、字面の上でしか理解していなかったことを、痛いほど思い知らされた。人間がいかに奴隷として、すなわち非人間として扱われていたか。この点を本作品はえぐいばかりにみせつけてくれる。

舞台は南北戦争前のアメリカ南部ルイジアナ州の奴隷農場である。冒頭に白人の農場主一家が食事をとるシーンが出てくる。テーブルからやや離れて対角線上に立つ黒人奴隷の子ども二人が、大きな扇でずっとあおいでいる。この光景にまずぞっとさせられる。農場主ウォーレンはリウマチ持ちで、医師から黒人の子どもを足の下に敷いて毒をすわせればよくなるといわれた。そこでウォーレンは椅子に座っているときは黒人の子どもを必ず足台にする。黒人の娘は白人男性の性の慰み者だった。彼女たちはそれを当然のごとく受け入れ、年老いた黒人女性たちから「初夜」の挙措を教わるのだ。

ニューオーリンズの黒人市場の場面にも強烈な印象を受けた。ファッションショーのモデルのように、群がる白人たちの前に黒人奴隷が次々に出てくる。白人たちは奴隷としての「力量」を値踏みして競り落としていく。屈強な「優良種」の奴隷は「マンディンゴ」とよばれた。これが題名になっている。夫に先立たれた中年女性が「マンディンゴ」のミードの陰部をまさぐる。これも奴隷に求められた「力量」なのだった。また、白人たちがいかつい奴隷同士を文字どおりどちらかが死ぬまで闘わせる賭け事に、下卑た表情で歓声を上げながら興じているシーンは直視できなかった。

さて、ウォーレンの息子ハモンドはくだんの女性に競り勝ってミードを落札する。ハモンドはいとこのブランチと結婚していたが、新婚当初から不仲だった。ハモンドはブランチの家から買われてきた黒人娘エレンと関係を深める。一方、ブランチはいわゆるセックスレス状態に置かれアルコールに溺れていく。ハモンドはエレンをはらませる。ブランチは逆上してエレンをむち打ちした挙げ句、階段から突き落として流産させる。そのことでハモンドがエレンに同情していることを知ると、ミードとの性交渉に走る。「めでたく」ブランチは妊娠する。それを聞いたウォーレンは孫ができたと喜ぶ。

ブランチの分娩には医師と黒人女性二人のみが立ち会った。ブランチが生んだ赤ん坊の肌は白くなかった。それをみた医師は一瞬逡巡したのち赤ん坊を「間引き」する。別室で待機していたウォーレンとハモンドには「死産だった」と伝える。ハモンドは医師が止めたにもかかわらず赤ん坊を見に行く。そして事情をすべてのみこんだハモンドは、老いた奴隷を死なせる毒薬を医師にせがむ。人ではなく奴隷ゆえに使い物にならなければ始末されたのだ。言葉を失う。ハモンドは毒薬を混ぜた酒をブランチにあおらせる。次にミードを釜ゆでにしようとするが、波乱の展開でエンドとなる。

当時のアメリカ南部の恥部を、タブーを恐れず描ききった傑作である。それだけに、公開時には「最悪の映画」をはじめいわれなき指弾にさらされた。ただ、快作『パルプ・フィクション』などの監督クエンティン・タランティーノは高く評価したという。さすが悪童！

（二〇二一年三月一四日・新宿武蔵野館）

「ファーザー」（イギリス・フランス　二〇二〇年）

私事にわたるが、私の八七歳の母親は数年前に認知症を発症し、一年半前に高齢者施設に入った。さらに先月には脳出血を起こして救急搬送され、いま入院中である。幸い出血は軽度で収まり、今後は回復期リハビリテーション病院に転院することになる。まだ口の中の物を飲み下すことができないので経鼻栄養でしのいでいる。コロナで面会がかなわない。ようやく退院となっても私のことを認識できるだろうか。ともあれ本作をみて、認知症の母親の脳裏に浮かんでいる光景をのぞいた気がした。

ロンドンで一人暮らしの八一歳のアンソニー（アンソニー・ホプキンス）は認知症を患っている。近所に住む長女のアン（オリヴィア・コールマン）は介護人をつける。だが、アンソニーはそのたびにすぐ介護人と衝突して介護人を辞めさせてしまう。アンソニーの決まり文句は「腕時計が見当たらない。介護人が盗んだのだ」。これは認知症によくみられる症状だ。私の母親も入居した施設で「物を盗られた」と何度も大騒ぎして、私は手を焼かされた。

アンは新しい恋人とパリで生活することになったので、週末にしか会いに来られなくなると打ち明ける。アンはアンソニーを高齢者施設に入れるつもりでいる。一方、アンソニーはこの件を理解できず、頭の中は妄想が駆け巡る。寝室から居間に出ると見知らぬ男がお茶を飲んでいる。「アンはどこだ」と尋ねると、買い物に行っていて間もなく帰ってくるといわれる。帰宅したアンはまったくの別人だった。このシーンには、私もいったいどうなっているのかと一瞬戸惑った。やがて、アンソニーの頭の中を映し出していることがわかった。

アンソニーの次女はかなり前に事故死した。しかし、アンに「ちっとも姿をみせない。画家だから世界中を旅して回っているのだろう」などという。アンはいたたまれない表情を浮かべて押し黙る。さらにアンソニーはアンと比較して次女を褒めちぎる。きょうだいを本人のいる前で比較するのは親として「禁じ手」だ。そんな気遣いすらできない。

現実と仮構をアンソニーは往還する。アンは一〇年前に離婚したはずだが、アンはある男性と暮らしている。その男性から「われわれにいつまで迷惑をかけるのだ」となじられる。また、アンの新しい恋人からも同じことを問いつめられて頬を張られる。就寝中のアンソニーの首をアンが絞めて殺そうとするシーンもある。アンソニーの心の不安が投影されている。時間軸も行ったり来たりする。繰り返しのシーンもある。もはやみている方にも現実と仮構の区別がつかなくなる。認知症を疑似体験しているようだ。実はこれが本作の裏テーマではないのか。

そして、ラストシーンでアンソニーは高齢者施設にいる。アンソニーの妄想の中でアンと名乗った女性はこの施設の看護師であり、パートナーだった男性は医師だった。アンソニーは母親を思い出して、その看護師の腕の中で泣き崩れてエンドとなる。

母親の主治医が、母親の状態を「ものごとを順序立てて考えられない」と説明してくれた。それはこういうことなのだと得心した。

（二〇二一年六月二七日・TOHOシネマズシャンテ）

「MINAMATA―ミナマタ」（アメリカ　二〇二〇年）

一九七〇年、戦争取材などで著名な写真家のユージン・スミス（ジョニー・デップ）はすっかり落ちぶれていた。巨額の借金を抱え酒浸りの毎日だった。ただ、さえないユージンがロックミュージックに乗って登場するのはおもしろい。タイトルがもたらす心の緊張がほぐされる。そんな彼のもとに富士フイルムのCM出演の件で、アイリーン（美波）が通訳として訪ねてくる。これをきっかけに、アイリーンはユージンに興味を抱き水俣を取材するよう懇願する。

沖縄戦の記憶から当初はしぶったユージンだが、持ち込まれた現地の写真に心を打たれて水俣行きを決意する。費用は『ライフ』の編集長に直談判した。経営難にあった『ライフ』はユージンの写真に賭けた。

ユージンはアイリーンと水俣で暮らし、暗室を備えた仕事場も別に借りる。こうして現地の人びとの生活を写真に収めていく。事前に撮影の了解を得るのが礼儀だが、いきなり撮るのがユージンの流儀だ。この点をアイリーンに問われて「キスするのと同じだ」とユージンは答える。すると、アイリーンはユージンにいきなりキスする。このシーンがいい。

チッソ側はユージンに気づき、彼の懐柔を図る。社長（國村隼）自らが、ユージンに水俣で撮影したフィルムすべてを高額で買い取ると持ちかける。彼の困窮ぶりを調べていたのだ。ユージンははねつけるが、のちに「ぐらっときた」と白状する。

その後やはりというか、ユージンの仕事場が放火される。これまでの仕事が灰燼に帰してしまった。失意のどん底のユージンは、『ライフ』の編集長にコレクトコール（！）をかけて胸中を伝える。編集長はお前の写真に社運はかかっていると叱り飛ばす。アイリーンにも叱咤され、住民にも励まされてユージンは再びカメラを手にする。

そしてチッソの株主総会の日を迎えた。ユージンはチッソ水俣工場の門前につめかけた住民たちといた。激しい抗議活動がやがて暴力沙汰へとエスカレートする。その渦中でユージンはチッソ側からひどい暴行を受け昏倒し入院する。ある青年が彼の病室に来て、さしたる説明もせずに茶封筒を置いて去る。そこには燃えたはずのフィルムが入っていたのだ。ユージンは俄然やる気を取り戻し、ついに「入浴する智子と母」の撮影にこぎつける。けがで手の自由がきかない彼の代わりにシャッターを切ったのはアイリーンだった。智子は胎児性水俣病で目が見えず自分で食べることもできない。この写真は水俣でのユージンの最高傑作で『ライフ』に掲載。編集長は「ついにやったな」と快哉を叫ぶ。

ラストは熊本地裁前で住民勝訴を彼らのリーダー（真田広之）が伝えるシーンである。もちろん水俣病はこれで終わったわけではない。エンドロールには世界各地での公害被害者の写真が次々に映し出される。

実はユージンは沖縄戦で口蓋が砕ける重症を負って咀嚼が困難になっていた。作中ではしょっちゅうウイスキーをストレートであおっている。さらにアンフェタミン（覚醒剤）も服用していた。映画『トランボ』（米・二〇一五年）で、トランボがアンフェタミンをウイスキーで飲み下して執筆するシーンを思い出した。

（二〇二一年一〇月二日・TOHOシネマズ府中）

「香川1区」（日本　二〇二一年）

『週刊金曜日』の企画で、私は立憲民主党の小川淳也衆院議員にインタビューしたことがある（同誌二〇二〇年一〇月一六日号掲載）。彼の議員室で待っていると、遅れてきた小川が開口一番「オシッコ行ってきます！」と叫んだ。その日に地元高松から飛行機で東京に戻って来たのだが、空港からの道が渋滞してトイレをずっと我慢していたのだ。〈国会議員が「オシッコ」かよ〉と緊張が緩んだ。

このとき小川は当選五回でうち四回は比例復活当選である。彼の選挙区の香川一区には、三世議員で自民党の平井卓也が強固な地盤を築いていた。彼は「四国新聞」など県内のマスメディアも牛耳っている。

そんな強敵にいわば徒手空拳で挑んだ小川の足跡を描いたのが、前作の『なぜ君は総理大臣になれないのか』（二〇一七年）である。そのラスト近くで「復活当選じゃ意味がない」とこぼす小川が映し出される。小選挙区で当選してこそ発言力が担保される。小選挙区当選は小川の悲願なのだ。本作品は二〇二一年総選挙でそれを目指した小川の奮戦ぶりを活写した。

選挙運動期間前、小川は選挙区をこまめに回る。訪問先が不在であれば名刺にメッセージを書いて郵便受けに入れる細やかさだ。また、政策秘書を小豆島に張り付ける。前回総選挙でここが大きく劣勢だったためだ。一方、平井はデジタル大臣に就任したことで地元回りが思うに任せない。小川は確かな手応えを感じつつあった。ところがそこに激震が走る。日本維新の会が香川一区に候補者を擁立するというのである。小川は焦るあまり維新の立候補予定者に立候補を取り下げるよう懇願する。それが維新の会のO参院議員のツイッターでおもしろおかしく取り上げられ、拡散されていく。

窮地に陥った小川の議員室を、スシローこと田﨑史郎が訪ねて「あんなことしなければよかったのに」と述べる。すると小川は珍しく激高して反論する。見物のシーンだ。それほど追い込まれていたのだ。この件で辻元清美が小川に「心が弱いんよ」と余裕の表情でたしなめる場面には苦笑した。自分が落選するとはつゆ知らずに、と。

前作が大ヒットした効果か、小川の選挙事務所には全国から若者が集まってくる。中高年ばかりの選挙事務所の雰囲気が一新された。小川の選挙運動は、八時に選挙事務所を出発する選挙カーのあとを小川が自転車で追いかけることからはじまる。追い越していく車の助手席から手が振られる。そのたびに小川は声をかける。立会演説会では一方的に話すのではなく、集まった人びとにマイクを回して小川が答える。

ついに小川は小選挙区での当選を果たす。前作で知名度を上げたことや共産党が候補者を立てなかったことも、勝因の一つには違いない。だがそれ以上に、小川の地道でひたむきな日常活動が実を結んだと考えるべきだろう。選挙運動期間前に車で移動中の小川がおにぎりをほおばるシーンがある。小川の昼食は毎朝妻が握るおにぎり三つで、昼休みなどないのだ。

当選後のスピーチで小川が落選候補やその支持者への敬意を口にしたのはすごいと思った。まさにフラタニティである。（敬称略）

（二〇二一年一二月二八日・ポレポレ東中野）

「コーダ　あいのうた」（アメリカ・フランス・カナダ　二〇二一年）

楽譜上の記号Ｃｏｄａ（コーダ）は楽曲の完了を強調する部分を意味する。一方、大文字でＣＯＤＡと書くと、children of deaf adults の略号になる。『大辞泉』には「聴覚障害のある親をもち、自身は聞こえる人」と出ている。本作のタイトルはそのダブルミーニングである。

主人公のルビーは四人家族で、漁師である父と兄、魚をさばく作業で働く母がいる。ルビー以外は全員聾唖者である。つまり、ルビーはCODAなのだ。健聴者のルビーがいなくては陸からの無線が聞こえないなど不都合が多い。そこで高校生のルビーは毎朝三時に起きて父・兄とともに漁船に乗っていた。当然、学業はおろそかになり授業中は睡魔に襲われる。大学進学はとうにあきらめ、高校卒業後は「専業」漁師になるつもりでいた。

新学期になり自分が好意を寄せるマイルズがコーラス部に入ると知って、下心からルビーも入部する。実は、映画の冒頭で漁をしながらルビーは大声で歌っている。それがここにつながるのだ。部の顧問の教師はルビーの高い歌唱力に気づき、自宅にマイルズとともに招いて個別レッスンをはじめる。やがて、めきめき上達するルビーに教師は名門音楽大学への進学を勧めた。

距離が縮まったマイルズも進学を希望していた。マイルズも夢も失いたくない。一方で自分がいなければ、一家は路頭に迷うことになる。出漁にあたって健聴者の同乗は法的義務なのだ。両親はもちろん反対する。悩み深いルビーを、兄は家族の犠牲になるなと叱り飛ばす。それでもルビーは進学しないと両親に伝える。

こうして迎えたコーラス部の秋のコンサートでルビーは美声を響かせる。両親と兄もコンサートに来ていた。ルビーの歌唱中、一分ほど映画は無音になる。観ている者は耳が聞こえないとはどういうことかを体験させられる。この演出にはうなった。ルビーが歌い終わったあと万雷の拍手に会場は包まれる。これをみた両親はルビーの実力を認識する。

さて、ルビーは音大のオーデションを受けることになった。ここまでこぎつけた経緯から緊張しているルビーに、審査員たちは容赦ない質問を浴びせる。気を取り直してルビーは歌いはじめるが全く自分を見失っていた。ところがピアノ伴奏が弾き間違える。伴奏した顧問の教師の仕業だった。歌い直しとなり、ルビーは本来の美声を取り戻す。さらに客席に両親と兄がいるのに気づいて、手話を交えて心揺さぶる歌に仕上げる。このシーンには涙が止まらなかった。

ルビーが音大入学のため実家を出る際に、父親は〝ｇｏ〟と言って送り出す。ルビーのそれまでを曲にたとえればＣｏｄａが奏でられ一曲目は終わったのだ。そして次の曲、新しいはじまりを暗示してエンドとなる。

両親と兄の役には聾唖者の俳優が起用されている。彼らと対等に手話を演じたルビー役のエミリア・ジョーンズはすごいと思った。家に遊びに来たマイルズの前で、両親が手話で性にまつわるあけっぴろげな会話をして、ルビーが通訳に困るシーンには爆笑した。

サブタイトルがひらがなのは、手話では漢字を表せないからなのか。あいにあふれる映画だった。祝！アカデミー賞受賞。


（二〇二二年二月六日・ＴＯＨＯシネマズ新宿）

「スープとイデオロギー」（日本　二〇二一年）

在日コリアン二世の映画監督ヤン・ヨンヒが、自分のオモニ（母親）の生涯をたどったドキュメンタリーである。オモニはアボジ（父親）とともに朝鮮総連の熱心な活動家だった。アボジは北朝鮮から勲章をもらうほどで、平壌の墓地に眠っている。

ヨンヒと兄三人は朝鮮学校で民族教育を受けた。家庭内で北朝鮮を批判することは許されなかった。ヨンヒは民族教育の内容にうんざりしながら、学校では優等生を演じた。兄たちは一九七一年に再開された「帰国事業」で全員北朝鮮に渡った。中でも長兄は、金日成の還暦（一九七二年）を祝う「人間プレゼント」とされた。要するに人身御供である。両親は多額の借金までして息子たちに仕送りをした。

なぜ両親はここまで北朝鮮を信じたのか。オモニは大阪で生まれ育った。大阪の在日社会にあっては、南北どちらかを選ばなければならなかった。オモニの両親の出身地は済州島なのになぜ北を、と不思議に思った。だが、だから北を選んだのだとやがてわかっていく。

アジア太平洋戦争末期に大阪は度重なる空襲にさらされた。まだ二〇歳にもなっていないオモニは幼い弟妹を連れて済州島に疎開する。そこで終戦となる。まもなく朝鮮半島は南北に分断される。

一九四八年四月三日、済州島でそれを固定化する選挙実施に反対する民衆が武装蜂起する。韓国で長年タブー視されてきた「済州四・三事件」である。武装蜂起集団が北朝鮮の影響下にあるとみた韓国軍や警察は、徹底的な島民殺戮を行う。犠牲者は島民の一〇分の一にあたる二万五〇〇〇人から三万人と推定されている。まさに地獄絵図をくぐり抜け、オモニは弟妹とともに命がけで日本への密航船に飛び乗った。

当時の韓国は李承晩大統領による軍事独裁政権だった。オモニの原体験からして韓国を支持する余地はなかったのである。これについてオモニが重い口を開きはじめるのとほぼ同じ頃、オモニはアルツハイマー病を発症する。とうに他界したアボジが生きていることになってオモニの話に出てくる。

オモニは韓国政府から一回限りのパスポートを発給されて、二〇一八年四月三日の「四・三事件」の追悼式に出席することになる。オモニ、ヨンヒ、そしてヨンヒの夫の三人で済州島の土を踏む。病が進んだオモニは多くを語らない。それを慮るヨンヒの表情につらさがにじむ。映画は、オモニが亡くなったあと遺骨を平壌の墓にどうやって葬るかで悩むヨンヒを映して閉じられる。オモニは今年一月に死去した。

ヨンヒが夫といっしょに、オモニの自宅に飾られている、重厚な額縁に収められた金日成・金正日の顔写真を撤去する。一方で、病に冒されたオモニが北朝鮮の革命歌を歌う。この二つのシーンが好対照をなしている。写真も歌もイデオロギーを刷り込むツールだ。

そして、タイトルにある「スープとイデオロギー」こそ、ヨンヒの育った家庭の風景だったことに気づかされた。鶏の内臓をすべて取りだしてそこにニンニクを四〇個詰めて長時間煮込むスープを、オモニは得意料理としていた。私には食べられません。鶏肉は苦手なので。

（二〇二二年六月二四日・ユーロスペース）

「裸のムラ」（日本　二〇二二年）

なんでこんなにオッサンばっかりなのか。これが見終えて最も印象づけられたことである。石川県では多選知事が続いてきた。前々知事の中西陽一が八選、前知事の谷本正憲が七選である。その谷本の七期目が本ドキュメンタリー作品のテーマになっている。

居並ぶ県庁幹部に谷本が握手していく。オッサンしかいない。県議会の議員たちも同様で、彼らは知事の話など聞かずに雑談していたり居眠りしていたりする。壇上に座る県庁幹部たちも居眠りしている。緊張感のかけらもない。多選の弊害が一目瞭然である。

谷本は八選をあきらめ、馳浩前衆院議員に後事を託した。馳は知事選の出陣式で壇上に立つ半数は女性にしたと胸を張った。これが自分の目指す石川新時代の象徴だと。そして馳は当選する。当選を祝って女性たちが花束を馳に手渡す。ただ、それだけで彼女たちは壇上から去り、あとにはオッサンだけが残った。本音が透ける。女性の県職員が県議会開会前の無人の議場で、知事の席に水差しを丁重に拭ってセットする長回しのシーンが、対照的で効いている。

こんな惰性と同調圧力に満ちた「空気」にあらがう人びとが、本作の「裏テーマ」である。一つはムスリムの家族である。ある男性がインドネシアに留学しそこで出会ったムスリムの女性と結婚し、ムスリムとなって金沢市に所帯をもった。三人の子どもたちももちろんムスリムである。金沢には県内唯一のモスクがあり、彼らはそこに通う。夫は公安調査庁から、モスクに集まるムスリムたちの情報を定期的に伝えるスパイ役を持ちかけられたという。「断りました」と彼は笑い飛ばす。ウクライナ戦争のニュースをテレビで見ていた妻が、パレスチナでムスリムが抵抗に立ち上がるとテロリストと言われると報道姿勢を批判する。確かに二重基準だと深く納得した。

もう一つは二組の「バンライファー」である。「バン（VAN）」と「ライフ（LIFE）」をつなげた造語で、車中で寝泊まりし仕事もこなす人びとを指している。一組目は県内の自宅とクルマでの生活をかけもちする家族で、夫の仕事は安定している。もう一組は四〇代後半で退職した夫の退職金で車中暮らしをする家族である。無収入なのだが映画『ノマドランド』（アメリカ・二〇二〇）で描かれたような悲壮感はない。周りに合わせて自分を「作る」のは疲れると夫が言えば、貯金が尽きてはじめて次の人生に取りかかれる気がすると妻は言う。バンとの比較が意識されていよう。本作の冒頭とラストには知事を送迎する黒塗りの公用車が登場する。

監督は映画『はりぼて』（二〇二〇）と同じ五百旗頭幸男である。富山のチューリップテレビから石川テレビ放送に移って制作した。前作では富山市のオヤジ市政にあんぐりさせられたが、隣県の県政もやはり同じだった。ラスト近くではそれを物語る映像が遡及的に流され、森喜朗首相の妄言、さらには谷本初当選のシーンに至る。必勝日の丸はちまきが気色悪い。

ムスリムと「バンライファー」という対極的な軸が設定される。だからはびこるオッサン的「ムラ」意識が際立つ。その異形さを見せつけることこそ監督の狙いなのだろう。

（二〇二二年一一月一二日・ポレポレ東中野）

「ヒトラーのための虐殺会議」（ドイツ　二〇二二年）

一九四二年一月二〇日正午から、ドイツ・ベルリン郊外のヴァンゼー湖畔に建つ豪邸で、ナチ党と政府双方の高官一五人による会議が開かれた。議題は「ユダヤ人問題の最終的解決」についてである。わずか九〇分でそれは全員一致で承認された。

説明役兼書記役を務めたのがアドルフ・アイヒマンである。当時三五歳で国家保安本部ゲシュタポ局ユダヤ人課長に就いていた。周知のとおり、アイヒマンは一九六一年四月にイスラエルで裁判にかけられ、翌年六月に処刑される。その裁判を傍聴した政治哲学者のハンナ・アーレントが、アイヒマンを「凡庸な悪」と形容した。本作はアイヒマンが作成した議事録に依拠して、ヴァンゼー会議と称される「史上最も恐ろしいビジネス会議」を忠実に再現したものである。そのため映画音楽は一切流れない。

議長は国家保安本部長のラインハルト・ハイドリヒである。直属の上司が親衛隊全国指導者のヒムラーだった。ナチ党ナンバー2であり帝国元帥の称号ももつゲーリングから指示を直接受けていた。この二人を後ろ盾にハイドリヒは議事を粛々と進めていく。丁寧な言葉遣いで微笑を絶やさず決して感情的にならない。明確に受け答え、詳細はアイヒマンに委ねる。アイヒマンは能吏ぶりを遺憾なく発揮し、彼が決して凡庸でないことがわかる。「よくやった」。会議終了後、アイヒマンは副議長格で議論を要所要所で締めていたハインリヒ・ミュラー国家保安本部ゲシュタポ局長から、こうねぎらわれる。

出席者のうちナチ党高官はナチの制服を着用し、政府高官はスーツ姿である。従って「政官対立」がわかりやすい。「政」のナチ党側の提案に対して、「官」の政府高官たちは難色を示す。ユダヤ人は全欧で一一〇〇万人もいる。予算や「解決」方法、法的観点などから問題が多すぎると。政府高官同士が縄張り争いを始めたり、ある合意点に達すると「議事録にとどめてくれ」と求めたりするシーンもある。職場の会議かと錯覚しそうになった。言い換えれば、大虐殺からは天文学的な距離があるほどの事務的会話なのだ。

非現実的だと依然として納得しない「官」側に対して、ハイドリヒは究極の秘策をアイヒマンに説明させる。強制収容所に鉄道で移送して、ただちにガス室に送り込んでツィクロンBにより「解決」を図るというものだ。これにある次官がドイツ人が手を下さずに済み「人道的だ」と衝撃の台詞を吐く。

本作の原題は「Die Wannseekonferenz（ヴァンゼー会議）」である。これでは興収は期待できないので、上記の邦題にしたのだろうが、気に入らない。本作にヒトラーは登場しないし、出席者の発言もさしてヒトラーには触れていない。果たしてだれのための虐殺会議だったのか。出席者各自の保身と出世のため、彼らそれぞれが背負う組織の既得権確保と権限拡大のための会議ではなかったのか。そして、あたかも鳥インフルエンザの殺処分の段取りを決めるかのように、諸機関の間で事務的な調整が図られた。ある者は出されたコニャックを飲みながら。

六〇〇万人のユダヤ人が虐殺されたとの字幕のあとに流れる無音のエンドロールに、鳥肌が立った。

（二〇二三年一月二七日・新宿武蔵野館）

あとがき

「嘘から出たまこと」ということばがある。もちろん本書は「嘘から出た」わけではないが、はからずも刊行の運びになったものである。二〇二三年二月二七日にロゴスの入村康治（村岡到）氏（『フラタニティ』編集長）から「また本をつくりませんか？」とのメールをいただくまで、本書はまさに影も形もなかった。

乞われるままに文章を書き散らかしてきた。掲載媒体の刊行後に私の個人ＨＰに公開した原稿もあるが、そうしていないものも少なくない。入村氏からのメールを読んで、これらを一書にまとめてみたいという欲求がむくむくとわいてきた。「これ」が来ると単調な日常は一変して、意欲がみなぎりだす。ただ、めったにやって来てはくれない。

そういえば、ロゴスから前著『覚せい剤取締法の政治学』を刊行してから四年半も経ってしまった。この間に齢六〇を漫然と超えた。振り返るに、寅さんの言葉を借りれば「思い起こすだに恥ずかしきことの数々」である（『男はつらいよ　寅次郎夢枕』（一九七二）ＤＶＤ開巻後一時間三六分五秒）。還暦を過ぎてただ一つよかったのは、映画をシニア料金（一二〇〇円）でみられるようになったことだ。

先日、城定秀夫監督の『銀平町シネマブルース』という映画愛に満ちた作品をみた（二〇二三年二月一五日・新宿武蔵野館）。映画好きの老齢のホームレスが終映後にスクリーンに感謝をこめて手を合わせるシーンが印象的だった。そして、彼は劇場内で手を合わせたまま最期を迎えるのである。これから老境に入っていっても、映画があればなんとかなるのではという気にさせられた。

前作に続いて、今回も入村康治氏・環氏ご夫妻にはたいへんお世話になった。ありがとうございました。また、旧稿の転載を快く許可していただいた「葦牙」の会の牧梶郎氏および尾張はじめ氏、ならびに日本大学法学部機関誌編集委員長の大岡聡教授およびこの件をリエゾンしていただいた同学部の渡邉容一郎教授に厚く感謝申し上げる。

長女が昨年六月に就職して、次女も今年四月から働き出す。親の務めをようやく果たした気分である。娘たちが社会で活躍してくれることを祈って筆をおくこととする。

二〇二三年三月三日

西川伸一

西川伸一　2010 年以降の著書・訳書

2010 年　『オーウェル『動物農場』の政治学』ロゴス

2012 年　『最高裁裁判官国民審査の実証的研究』五月書房

2013 年　(翻訳)デイヴィッド・S・ロー『日本の最高裁を解剖する』現代人文社

同年　『これでわかった！　内閣法制局』五月書房

2015 年　『城山三郎『官僚たちの夏』の政治学』ロゴス

2018 年　『覚せい剤取締法の政治学』ロゴス

同年　『政衰記 2011－2018　「政治時評」7 年間の記録』五月書書房新社

2020 年　『増補改訂版　裁判官幹部人事の研究』五月書房新社

2023 年　『ある軍法務官の生涯　堀木常助陸軍法務官の秋霜烈日記・伊勢、旭川、善通寺そして満州』風媒社

〈人名索引〉

〈事項索引〉「自民党」は頻出なので省略した。

〈ま行〉

〈や行〉

〈ら・わ行〉

西川伸一（にしかわ・しんいち）
nisikawa1116@gmail.com
https://www.nishikawa-shin-ichi-online.com/

略　歴

1961 年　新潟県生まれ
1984 年　明治大学政治経済学部政治学科卒業
1990 年　明治大学大学院政治経済学研究科政治学専攻博士後期課程
　　　　退学（4 年間在学）
同年　明治大学政治経済学部専任助手
1993 年　同専任講師
2000 年　同助教授
2005 年　同教授
2011 年　博士（政治学）取得

「保守」政治がなぜ長く続くのか？　プラス映画評

2023 年 4 月 15 日　初版第 1 刷発行
編　者　　西川伸一
発行人　　入村康治
装　幀　　入村　環
発行所　　ロゴス
〒 113-0033　東京都文京区本郷 2-6-11
TEL.03-5840-8525　FAX.03-5840-8544
URL http://logos-ui.org　　Mail logos.sya@gmail.com
印刷／製本　　株式会社 Sun Fuerza

定価はカバーに表示してあります。 ISBN978-4-910172-23-1　C0031